Slow Knowledge
and the Unhurried Child

教育，
快与慢

[英] 艾莉森·克拉克 Alison Clark 著　　陆香 杨梦晗 译

Time for Slow Pedagogies
in Early Childhood Education

支持复杂知识学习的
儿童慢速学习法

中国青年出版社

图书在版编目（CIP）数据

教育，快与慢 : 支持复杂知识学习的儿童慢速学习法 / （英）艾莉森·克拉克著；陆香，杨梦晗译. 北京 : 中国青年出版社, 2025. 5. -- ISBN 978-7-5153-7742-1

Ⅰ. G442

中国国家版本馆CIP数据核字第20259YM234号

Slow Knowledge and the Unhurried Child :
Time for Slow Pedagogies in Early Childhood Education
copyright © 2023 Alison Clark
All Rights Reserved. Authorised translation from the English language edition published by Routledge, a member of the Taylor & Francis Group
Simplified Chinese translation copyright © 2025 by China Youth Press.
All rights reserved.
Copies of this book sold without a Taylor & Francis sticker on the cover are unauthorized and illegal.
本书封面贴有Taylor & Francis 公司防伪标签，无标签者不得销售。

教育，快与慢：
支持复杂知识学习的儿童慢速学习法

作　　者：［英］艾莉森·克拉克
译　　者：陆　香　杨梦晗
责任编辑：高　凡
美术编辑：佟雪莹
出　　版：中国青年出版社
发　　行：北京中青文文化传媒有限公司
电　　话：010-65511272 / 65516873
公司网址：www.cyb.com.cn
购书网址：zqwts.tmall.com
印　　刷：大厂回族自治县益利印刷有限公司
版　　次：2025年5月第1版
印　　次：2025年5月第1次印刷
开　　本：787mm×1092mm　　1/16
字　　数：150千字
印　　张：13.5
京权图字：01-2023-2646
书　　号：ISBN 978-7-5153-7742-1
定　　价：49.90元

版权声明

教育，快与慢

本书探讨了慢速教学法与慢知识的价值，以探寻儿童教育的时间性概念。艾莉森·克拉克（Alison Clark）指出，在儿童教育愈演愈烈、考试测验层出不穷的背景下，儿童教育体系可以尝试改变节奏。

本书共分为三个部分。第一部分——为什么慢下来，讲述了儿童教育体系加速以及为儿童下一阶段做准备的压力。之后，本书探讨了儿童和教育者同时间的关系。第二部分——慢速教学法和慢实践，提供了慢实践的多种实现途径，例如在室外或工作室进行教学、在日常生活中讲述故事、利用教学档案和"慢"研究。第三部分——前进，展示了儿童教育中的全时教学法，同时还说明了该方法实施的可能性以及存在的挑战。

让教育慢下来，是十分重要的议题，本书为这一问题提供了解决思路。本书还探究了儿童教育慢实践的真实案例。对于研究人员、教育者、家长、政策制定者来说，本书可以帮助他们以长远的目光把握教育的时间节奏。

艾莉森·克拉克
Alison Clark

挪威东南大学（University of South-Eastern Norway）儿童教育教授，英国伦敦大学学院（University College London）教育研究所名誉高级研究员。

目 录

Contents

第三部分

前进 **185**

序　言

　　布莱希特·佩勒曼（Brecht Peleman）等人的一项研究发现，在佛兰德斯的一家幼儿园里，里面3岁孩童20%到30%的时间都在等待。迫于未来的压力，老师们迫切地想要教孩子们更多知识，这样的话，下一学年接任孩子们的新老师就会更好上手些。这样一来，师生反而会在"高效地""过渡时间"上花很多时间，例如组织吃午饭、进行户外活动或举办其他活动。在这些活动中，小组成员必须等到最后一个人准备好才能行动。为了不浪费时间，孩子们在等待的过程中要保持安静。许多国家的儿童在幼年时期都会出现这一现象，这只是其中一个例子，我将这种现象命名为"发展中的奥林匹克"。这一观点将儿童的发展类比为体育学科，儿童发展也遵循了奥林匹克的口号"更高、更快、更强"。这就是艾莉森·克拉克所说的"加速童年"。在这本书中，她以批判的眼光审视了教育系统日益缺乏耐心的现象。她的批判性分析给我们提供了一个广阔的视角，她指出儿童教育不仅与"忙碌的"教育系统（包括学前教育到高等教育）有关，更与社会有关，而这是更广泛的。她为我们立了一面镜子，镜子反映的是"教育是为了什么"这一根本性问题。同时，她也对"教育研究是为了什么"这一问题提出了质疑，因为她认为"快"教育和"快"科学是有关系的。

　　本书的独特之处在于，它不仅对我们所处的时代进行了细致的分析和反思，艾莉森·克拉克还提醒我们停下片刻，思考我们在教育方面的所作所为。本书的突出贡献在于它提出我们可以不走"高速公路"，其他"岔路"也是行得通的。她认为走这些"岔路"并不等于后退一步，慢下来并不是无生产力时代的浪漫幻想，也不是对过去未发生的事的渴望。相反，慢下来意味着我们要花时间思考什么是重要的，如何深入，为不可预测事件做好准备，展望意料之外的事情。A、B之间，直线最短，但是这条直线并不一定能让我们为现实生活做好准备，也不一定能让我们过上向往的生活。

　　艾莉森·克拉克在本书中对慢教学进行了探索。她提供了实施教学的多重选择和多种方案，并且在理论上进行了深化，也剖析了所观察到的儿童实践活动。她以理论为基础，剖析日常实践，关切社会道德，由此来呈现这些案例。

　　快科学也面临着与快教育一样的窘境。越来越多的研究人员在社交媒体上表示，迫于出版压力，他们会切分研究成果来进行分开发表，或是篡改数据，或是剽窃他人成果，或是进行其他形式的科学诈骗，从而导致被退回的文章越来越多。关联性成为影响期刊的重要因素，科学成就仅仅追求可发表的标准。创新点和反思被限制在6000字之内，或是隐匿在摘要和参考文献之中。对于病态的教育研究体系来说，艾莉森·克拉克的工作就是一剂强力解药，帮助我们倾听和理解。她告诉我们从倾听到反馈（比如对孩子）是需要花时间的，不应该受到字数限制。

　　在这本书中，艾莉森·克拉克完全实现了"争夺童年"（Contesting Early Childhood）系列丛书的目标，即创新路径、重新思考。未来的学者、相关从业者和政策制定者都应该读读这本书。我真诚地希望他们能花时间读一下这本书并且进行思考。正如比利时裔法国创作歌手雅克·布雷尔（Jacques Brel）所唱的那样，时间分为两种：一种是等待，一种是期待。这本书就给了我们期待的时间。

米歇尔·范登布鲁克

Michel Vandenbroeck

根特大学（Ghent University）社会工作与社会教育系教授

前　言

时间和背景

书籍能"承载"时间——首先它会被构思出来，然后是撰写、出版，之后作者阅读，但这个过程中也有可能会被退稿。

此书以时间为中心主题，内容不可避免地变得更为宽泛。在这种情况下，本书阐释了对教育、教学方法、教学实践以及高等教育环境的看法。

过去的十多年里，我一直在不断构想。2020年1月，我的研究的中心框架终于形成。这个时间点很重要，因为在研究开始3个月后，就遭遇了全球性的疫情。这场疫情带来了灾难性的医疗、社会、经济、政治危机，"时间"成了主角。时钟与时间不再统一。对许多人来说，时间变快了。为了满足当下的紧急需求，有些人不得不加快步伐，例如在采购更多医疗设备时，或者组织在线学习活动时，我们需要快速做出决定。然而，对另一些人来说，时间变慢了，比如有人要花时间来休养身体。时间本身以及时间对人的影响已经变得不容忽视。

转折点

　　疫情中的停滞现象让我们得以思考，在教师与学生无法见面的这段时光里，学校的意义是什么？大学的意义是什么？这些问题也引起了我们对教学的基本目的和教学价值的反思。这段充满不确定性的时期也给了我们一个重新评估的机会，教育的核心目标究竟是什么？当今实践中体现的是一种怎样的价值观？这或许是一个转折点。我希望这本书能帮助我们进行重新评估，并且为"什么需要改变""怎么改变"提供思路。本书不推崇某个特定的理论框架，而是基于已实践的理论探索慢速教学法。本书并不是单纯地想把时钟拨回到理想的过去，而是希望引发反思与讨论，教育中我们与时间的不同关系是怎样的？我们应如何理解教育中的时间。

艾莉森·克拉克

奥克尼，苏格兰

致　谢

　　本书基于大量的采访。在我研究初期，我采访了许多儿童，倾听了他们的想法，了解了他们对时间观、游戏观、归属感、所处环境的看法以及疑惑，这对于我的研究影响深远。我非常感谢参与这项研究的每一位人。尤其要感谢那些受访者（见附录），他们热心参与其中，并与我们一道思考。我还要感谢爱玛·克拉克森（Emma Clarkson），卡琳娜·吉尔文（Karina Girvan），唐娜·格林（Donna Green），格蕾丝·海恩斯（Grace Haines），洛娜·希尔（Lorna Hill），凯蒂·麦克拉肯（Katie McCracken），梅拉尼·奥莱利（Melanie O-leary），安妮特·莱杰（Annette Ledger），丽兹·特比特（Liz Turbitt）。他们加入焦点小组各抒己见。同样，我还要感谢所有参加虚拟阅读小组的人。

　　我要感谢我的同事和挪威东南大学的同学，他们成就了本书。

　　感谢福禄贝尔信托基金会（The Froebel Trust）的慷慨支持，帮助我们举办活动、录制研讨会，给了我们深入探讨这一主题的机会，让更多人参与到这场辩论中来，以贡献出自己的智慧与创造力，其中就包括乔·阿尔宾·克拉克（Jo Albin Clark）、莎伦·科利斯（Sharon Colilles）、克里斯·帕斯卡尔（Chris Pascal）和盖玛·帕特森（Gemma Paterson），他们曾在"紧急放缓"研讨会上发表过讲话，这场研讨会也标志着研究的结束。

　　感谢约翰·霍顿（John Horton）和特雷西·海斯（Tracy Hayes），他们让我懂得写作有时候也是一种享受。我还要感谢艾格尼丝·博桑奎（Agnes Bosanquet），她的学术博客"慢学术"一直陪伴着我。

　　感谢凯伦·卡拉汉（Karyn Callaghan）和玛格丽特·卡尔（Margaret Carr），他们是我的读者，给予我很多建议。我还要特别感谢彼得·莫斯（Peter Moss）乔纳森（Jonathan）任（Ren）老师给予的帮助。

本书的第一部分探讨了儿童教育为什么要慢下来。以儿童教育加速过程所面临的压力，如孩子们为下一阶段"做好准备"而紧张为开始，继而谈到了孩子们如何匆匆忙忙学习"快知识"。之后，本章引出了儿童与慢知识之间的关系，介绍"时钟时间"和"被浪费的时间"的概念，并阐释了多元化的时间模式。其中，着重探讨了"玩耍时间"，从时间的维度来探讨游戏，包括聚焦于福禄贝尔式教育法的历史视角。这也启发着我们选择一些能应用于儿童早期教育的时间类型，例如"延伸时间""全时时间"。

　　第一部分基于以上概念来阐释慢速教学法和慢知识的定义。

为什么慢下来

被加速的童年

简介

之所以写这本书，是因为人们越来越关注教育节奏加速的现象，尤其是在儿童教育领域。正如德国社会学家哈特穆特·罗莎（Hartmut Rosa）所说，"为了维持我们此刻在世界的位置，我们要跑得更快"，包括高等教育在内的所有教育部门都意识到了这一点。我在开篇的几章提到了这种加速现象，然后笔锋一转，开始重新审视儿童教育的时间观、速度和节奏问题。

首先我以罗莎（Rosa）的观点为基础。他曾对升级和加速现象进行了观察。罗莎在他的书《共鸣》（*Resonance*）中提出，现代性是建立在与世界的关系基础上的，这种关系的核心是升级，并将升级的冲动与竞争的动力联系起来。

我关注的是一种社会文化形态与世界的关系，这种社会文化形态只能动态地稳定自己，也就是说，它依赖于经济增长、加速和创新速度的系统性升级，以复制其结构并维持其形成的现状。

罗莎

他对当代世界的批判与教育、儿童教育的现状有很多相似之处。

无论我们今年生活或工作有多忙，取得多大的成功（个体性的或是集体性的），但为了保持在世界上的地位，明年我们必须要更快、更好、更高效、更有创新力。之后每一年的要求都只会更高。实际上，当下的成功、优势和效率与未来升级的冲动和强度成正比。

罗莎

"把标准定得再高一点"，这一短语提示了我们的速度与预期效果之间的联系。我们总想证明更多、衡量更多、跳得更高。

生活在浅滩

数十年来，斯蒂芬·鲍尔（Stephen Ball）对新自由主义教育的批评引起了人们对儿童和教育工作者越来越需要"跳得更高"的关注。

在表演性的体制中，经验什么都不是，生产力才是一切。去年的努力是今年进步的基准，即要取得更高的考试成绩，要有更多学生考进大学，要有更多出版物，要收到更多研究资助。我们必须跟上；我们努力实现我们在评议会为自己设定的新的、更多样化的目标；我们承认并面对自己的弱点；我们进行适当的专业培养，提升自我价值；我们抓住机会提高工作效率，确保自己成为奥弗林（O'Flynn）和彼得森（Petersen）所说的"有目标的自我"或吉（Gee）所说的"可变形的组合人"。

鲍尔

这里的表演性与生产力和测量结果密切相关。测量结果是新自由主义中的主导话语对儿童教育有深远的影响。我曾在《在英国改变儿童期》（*Transforming Early Childhood in England*）的一个章节提到过可以用时间维度来强调测量的简单性，这也为此次研究铺平了道路：

> 给孩子填一张预定清单，告诉他们什么时候该做什么，这比深入观察或坐在一起交谈便捷多了。主导文化注重可测量性，在这种文化下，"节省时间"可能比较重要，尤其是当从业人员发现自己需要以更频繁的间隔收集更多关于儿童的标准化信息时。在测量文化中，被测量的内容很重要，并获得越来越多的可见性。

克拉克

格特·比斯塔（Gert Biesta）注意到教育系统中对加速的渴望、表演性质的盛行、不耐烦的概念之间的联系：

> 绝大多数人都没有耐心。大家都希望把尽可能多的东西塞给学生或者孩子。不仅如此，他们还希望越快越好、越简单越好，不断监测和衡量操作的有效性和效率，使教师的工资取决于他们在多大程度上产出了预先规定的"学习成果"。

比斯塔

这段话说明了"更快到达目的地"的首要需求，同时也引出了目的地在哪里的问题；教育的目的是什么？比斯塔对该问题进行思考，提出了"教育的美丽风险"，以及"所有教育过程和实践的基本复杂性和开放性"。

> 这一切都表明，意志教育关乎耐心和毅力，需要花费时间以及精力。
>
> 比斯塔

忙碌的高等教育

我曾在英国和挪威的高等教育领域工作过，那时候我就已经意识到高等教育越发匆忙。教育框架内容愈加丰富、课程愈加紧凑、绩效指标愈加紧迫，这正是我们所要研究的东西。我们重新审视儿童教育的时间概念，以及思量同学生的关系，并思考落实的可能性和可能遇到的挑战。高等教育的基本价值观和结构也将会影响儿童教育工作者，以及影响他们和孩子的日常相处。

高等教育中存在时间压力，这可能会对那些在该体制内部的工作者带来情绪上的伤害。例如，我曾经从事的一份剧本创作工作就基于"红绿灯"体系，该体系旨在提高工作的效率。例如，迟交的剧本会被标记为红灯，表示未能在规定的期限内完成任务。这个系统似乎引起了恐惧，而不是注重提高创作的质量。正如罗莎（Rosa）所说，这是一个"跑得更快"的例子。

多琳·梅西（Doreen Massey）在2002年的一篇题为"思考的时间"的文章中谈到了与学术生活有关的时间问题：

　　我们需要花时间，或者也需要培养信心去反复深入探究某些东西。阅读他人的作品，不仅仅是为了理解他们说了什么，而是用一段更长的时间慢下来去思考。重读。回到原始材料，再次阅读、理解它。

梅西

　　梅西讲述了深入思考的重要性，并且强调要具备这种能力，用她的话说，就是要有"信心"地在没有预定结果或输出的情况下继续探索一个想法："这是在深度丰富知识结构。"她将这种深度思考与更广泛的框架联系起来，在这个框架中，学习不仅仅是在日记中腾出一小部分孤立的时间留给有价值的东西："花时间思考问题不仅仅是我们能否在某个地方自由地待一下午。它更多地关乎事物的整体节奏和氛围；它关乎什么是有价值的。"这与重新审视儿童教育的时间观念、节奏、学习氛围和有价值的东西，以及存的潜在问题有关。高等教育之所以需要关注节奏，其中一个诱因是梅西所说的"眼前的暴政"——短期的截止日期、活动、反应，不断地干扰我们去做更大、更长期、更有战略意义的事情。她写于2002年，指的是处理潮水般的电子邮件。这种情况一直在继续，但现在有了社交媒体平台，作为学术生活的一部分，需要更直接的参与。正如推特所宣称的那样："推特就是正在发生的事情和人们正在谈论的事情。"

　　在这个"真实的时间"中，昨天很容易消失。它以一种特殊的方式"承载"住时间，并影响我们如何把控时间。脸书通过向用户发送"记忆"，进一步强化了它与现在和过去的关系，该平台调用算法从前几年选出特定帖子，并将它们放回现在的时间线。

　　梅西指出，深入思考的过程可能比较耗时，但需要重点关注的是节奏，以及脑力劳动下的文化背景。否则，脑力劳动就有变得"单调"的危险。"单调"的概念与鲍尔对浅层次的新自由主义教育的观察有关。教学深度可以采取何种形式的想法将贯穿本书。

慢学术

高等教育内部发起了许多挑战快教育的运动。芒茨（Mountz）等人将慢学术与女权主义关怀伦理结合起来，挑战新自由主义大学："好的学术需要时间，即思考、写作、阅读、研究、分析、编辑和合作的时间。"高质量的教学和服务也需要时间，即参与、创新、实验、组织、评估和激励的时间。

加拿大学者芭芭拉·西伯（Barbara Seeber）和玛吉·伯格（Maggie Berg）在《慢教授：挑战学术界的速度文化》（*The Slow Professor: challenging the culture of speed in the academy*）中进一步阐述了慢学术的案例。西伯和伯格回应了梅西的几个观察结果，并呼吁寻找"永恒"或永恒时间的方法。西伯和伯格将这种专注于当下的感觉与齐克森米哈利（Csikszentmihalyi）的心流概念联系起来。我将回到对这种流动状态的探索。慢学术是慢运动的一部分，我接下来会讲到这个问题。

慢下来

慢运动，始于慢食运动，是对快节奏生活的一种回应，由烹饪作家卡洛·佩特里尼（Carlo Petrini）发起，以挑战快餐和跨国公司。奥诺丽（Honoré）的畅销书《赞美慢》（*In Praise of Slow*）记录了慢生活如何体现在日常生活的不同领域中，例如食品、医药、城市和教育。奥诺丽忙碌的育儿经历是她写这本书的催化剂之一，她从"一分钟睡前故事"中获得启发。

　　当时，我每晚都要和我两岁的儿子开战，他喜欢以缓慢、绵延的速度读长篇故事。尽管我每天晚上都引导他读最短的书，并且读得很快，但他依旧如此。我们经常吵架。他大声嚷嚷"你读得太快了"。有时候，我读完准备要走的时候，他又嚷道："我想再听一个故事!"……在苏斯博士（Dr. Seuss）的世界里，漫长而慵懒的漫步是不可取的，它太慢了。

奥诺丽

在这个例子中，时钟的力量是显而易见的，起到加快父母和孩子间日常相处速度的作用。

奥诺丽强调慢运动追求的是平衡，而不是永恒的慢动作：

　　慢运动并不是说做每件事都要像蜗牛一样慢。这也不是勒德分子试图把整个地球拖回工业化前的乌托邦……慢哲学可以用一个词来概括：平衡。应该快的时候就快，需要慢的时候就慢。寻求音乐家所说的"节奏"，即恰当的速度。

奥诺丽

这为思考儿童教育提出了有趣的问题：快与慢之间的"平衡"是什么样子的？什么是"恰当的速度"？接下来的章节试图探索这些问题。

忙碌的孩子

疫情之前，与一位日本同事森道理（Mori Mari）的谈话中，我第一次听到"孩子"这个词。关于"匆忙"和童年的争论并不是21世纪才有的现象。美国心理学家大卫·埃尔金德（David Elkind）在1981年首次出版了《忙碌的孩子：成长得太快、太早》（*The Hurried Child: growing up too fast, too soon*）一书，该书阐述了来自父母、学校和媒体对孩子施加的压力。我在一本在线医学词典中找到了"忙碌儿童综合征"的相关词条，它被描述为"父母给孩子的生活安排得太多，迫使他们在学业上取得成功的一种情况"。莫里斯·霍尔特（Maurice Holt）将快餐的固有问题与"快教育"相提并论。他将快速教育模式描述如下：

> 师生间的互动应尽可能能够预测，教师与教师之间的差异可以通过编写学习教案、进行考核评估来抵消。如果学校教育的目的是传授企业所需的知识和技能，那么这种方法可以降低成本，使资源标准化。教师培训也将以学校为单位。最重要的是，这种方法可以实现效率最大化，结果会在控制范围内，并使用结果来控制教师。但是，如果学校的存在是为了让学生具备解决成年后不可预测问题的能力，并在一个日益复杂的世界中站稳脚跟，那么劣势就会显现出来。
>
> 霍尔特

让学习者能够面对未来的不可预测性和复杂性，这可能是教育部门从疫情中吸取的教训。

疫情下的叙述

疫情之下，儿童的遭遇各不相同，而他们的经历深受社会经济环境以及国家背景的影响。在2020年3月英国第一次封锁的早期，我观察到人们忙于安排"家庭学校"，以应对在家处理工作和照顾儿童的挑战。许多学校和组织发布了在线学习材料，供家长和孩子一起使用。一些以游戏为基础，另一些则提供更正式的时间表。人们似乎在重新定义学校和儿童教育。教师和家长的角色也发生了变化，可能是为了应对焦虑情绪，也可能是为了做出成效。这种情况下，还需要兼顾表演性，需要看起来还是"忙碌"的。在这些快速变化中，人们呼吁要捍卫游戏的价值。2020年4月21日，《卫报》（ *The Guardian* ）援引剑桥大学保罗·拉姆钱达尼（Paul Ramchandani）教授的话："不要把你的家变成学校。"

在英国，关于时间和学习之间关系的讨论变得更加激烈，因为人们认为疫情可能在2021年春季结束。"追赶"这个用词强调了竞争的语言，强调了教育就像赛跑一样。为了达到设定的基准，孩子们需要补习落下的知识。追赶是推动童年加速发展的一个明显而有力的指标。卢克·西别塔（Luke Sibieta）发表财政研究所（Institute for Fiscal Studies）的报告清楚地表明，这主要是一个经济问题，而不是教育或社会问题——警告个人在一生中会损失多少英镑的收入。在新自由主义世界观中，孩子被视为人力资本或未来的人力资本，而解决方案更倾向于增加学习时间：

增加学习时间

因此，我们需要想出宏大而激进的方法来增加学习时间。可能是延长学年，延长在校时间，大规模重复整个学年或暑期学校。有充分的证据表明，增加教学时间可以产生积极的影响。考虑到我们正试图弥补失去的半年正常教育，这些措施可能需要花几年时间。我没资格提倡这些选择中的任何一个。事实上，学校和老师们可能会对正确的资源有更好的想法。但一切都应该摆在桌面上，我们应该就所有这些方案的优点和可行性展开一场全国性的辩论。

卢克·西别塔

这份公告中表达的增加学习时间的愿望只是通过经济视角来看待教育。这体现了一种传播教学法，以及一种将儿童视为一个需要尽快填满的空容器的观点。一些家长和教育工作者强烈反对这些想法，他们强调需要社会而不是经济的"驱动力"，需要恢复游戏时间的课程。

这就是我研究"慢知识和不慌不忙的孩子"的背景。根据罗莎之前的评论，我的研究思考：

我们是否应该要求年幼的孩子，以及与孩子一起工作的人跑得更快，以保持他们原有的位置？

在不同的儿童教育实践中，有哪些创新路径？

本次研究

该研究基于有目的的样本，重点采访了来自11个国家和地区的20名儿童和初级研究人员、教育工作者和顾问，这些国家和地区包括英格兰、苏格兰、威尔士、挪威、日本、丹麦、葡萄牙、以色列、美国、加拿大和澳大利亚。研究参与者参与了同8岁及以下的儿童的实践，这些实践以各种方式可能会被定义为慢速教学法和慢知识，这两个术语将在后续章节中详细探讨。该研究由福禄贝尔信托基金会资助，探讨了儿童教育的当代背景以及成人和儿童在该系统中可能受到的压力。这项研究着眼于现在和之前"慢实践"的案例。通过探索不同类型的慢实践，我们希望能够少关注可测量性，开辟新的教学路径，例如儿童如何以不同的速度、节奏参与学习的例子。人们会提出这样的问题：哪些人可能会从慢实践中获益最多？对儿童和成人来说，什么可能具有持久的价值？最初的结论已经在一个焦点小组中进行了讨论，该小组由来自英格兰和苏格兰的9名儿童教育工作者和学生组成。他们中有教师、森林学校从业者、艺术教育家和托儿所经理，他们参与了私营和公立学校政策的讨论。

这本书分为三个部分。第一部分说明了儿童教育慢下来的原因。第2章我们如何认识时间，研究了在学校教育和儿童教育中不同的计时方法，例如"忙碌时间"和"被浪费的时间"的概念如何与前言中提到的表演性概念相关联。在第3章中，我们将重点关注游戏以及玩耍时间，并从不同角度概念化时间。这一章还讲述了福禄贝尔关于游戏思想的实践。第一部分在第4章结束，探讨了慢速教学法和慢知识的定义，讨论了3个相互关联的主题："与"，"偏离轨道"和"深入"。第二部分讲述了儿童教育中对时间的关注，并进行了批判性思考。这一部分对"什么是慢实践，它们发生在什么环境中？"进行了扩展。第5章着眼于"慢实践"，选取的例子关乎室外环境，探讨了如何通过中间空间进入教室内部，以及研究了空间设计、教学法和时间之间的关系。第6章更详细地介绍了儿童和材料慢慢相处的范围，例如要在工作室这种专业环境中。第7章探讨了如何在时间视角上理解教学档案。第8章将重点转移到日常生活中，特别关注慢实践和用餐时间的关系，作为改变的起点。这一章还提出了一些问题，即慢速教学法如何看待儿童的过去和未来，以及如何重视当前时刻。第9章试图探讨这个问题："你怎么可能读书这么慢？"这与之前讨论的"一分钟睡前故事"的概念形成了鲜明对比。研究人员调查了不同的时间尺度，以了解儿童如何在几个月的时间里"与"一个故事"生活"在一起，并有时间表演他们自己的故事，以及从中获得了什么。第10章批判性地审视了慢速教学法在研究和实践中如何与倾听儿童的声音联系起来。具体例子包括视觉和多模态方法、马赛克方法（Mosaic approach）、反思视频。第三部分，即第11章，对儿童教育中的时间问题进行了扩展，并研究了一个"缓慢而有耐心"的幼儿园可能是什么样子，以及其面临的挑战。

总结

儿童教育中的时间问题复杂但重要。历史学家凯茜·伯克（Cathy Burke）和伊恩·格罗夫纳（Ian Grosvenor）借鉴米歇尔·塞雷斯（Michel Serres）的著作，强调了这种复杂性：

> 时间是一个多维度的概念。它可以是历史的、科学的或数学的。它可以想象、体验和衡量。可以在地理上理论化，具有恒定的可测量距离或可渗透的：
>
> 时间并不仅仅是按照一条直线流动，它更像是以一种极为复杂的混合物的形式存在，仿佛反射在停止点、深井、烟囱、裂缝之中，以可见的秩序，随机散播。
>
> 塞雷斯、伯克、格罗夫纳

每一章都以一系列的问题结束，结合自身经历思考问题，以促进进一步讨论。

问题

1. 你从哪些方面观察到时间与教育之间关系的变化？

2. 哪些主要因素可能导致儿童匆忙地学习？

3. 就儿童教育中的时间观念而言，"平衡"是什么样子的？

2 我们如何认识时间

简介

　　4岁的桑尼在英国开始读书时和其他同龄孩子曾一同参加了雅基·考辛斯（Jacqui Cousins）关于"年轻的谈话者和思想家"这一研究。这本书也是我和彼得·莫斯（Peter Moss）一起开始研究倾听儿童声音时读到的第一批书之一，同年，雅基的书籍《倾听4岁孩子的声音》（*Listening to Four Years Olds*）出版。自那以后，我常常回想起桑尼的声音和他秉持的观点。他曾说"你全神贯注地投入了多长时间，时间就有多长"，这句话对我影响深远。雅基曾详细介绍过桑尼作为旅行者的经历，以及他在旅行期间的丰富见闻。她注意到一点，桑尼尤其不喜欢被人催：

　　　　桑尼在家时总是不紧不慢。他的家人也不喜欢被钟表的时间所支配，所以他们的生活节奏格外不同。最重要的是，我发现如果你想催他做事，或者让他遵守学校的严格作息，都会让他感到沮丧和恼火，因为这会使他不能完全沉浸在自己的事之中或者不能满意地完成自己想做的事。尤其是"上课铃和课间休息"打断了他对那些需要长时间探索或者需要持续保持全神贯注的活动时,这种情况就会尤为明显。

考辛斯

本章探讨了时钟对儿童教育日常实践的影响。我将围绕研究参与者的评论与反馈进行探讨,并聚焦在那些在不同学前教育中心和小学进行过研究和教学工作的人群身上。基于我在第1章已经介绍过的概念,我将继续探讨有关忙碌与"被浪费的时间"的概念。

帕西尼·凯察布(Pacini-Ketchabaw)探讨了在儿童教育中"时钟时间"(clock time)的概念,并通过有生命事物和无生命事物之间的关系来研究儿童环境中日常生活的时间维度——将时钟当成实践的生产者、促进者和排斥者:

时钟为师生规定了在教室内的时间以及他们每天要进行的具体日程。与此同时,它还让师生在这种环境中学习到何为教师以及何为儿童的特殊知识。可以说,我们对儿童教育的理解,以及如何组织和实施儿童教育是以时钟为基础。

帕西尼·凯察布

我们如何看待时间,这会影响我们如何看待儿童与童年,以及影响我们对何为教育者的认识,这表明了思考时间维度对教学的重要性。这一点也指出了思考时间与反思教育目的之间的联系——正如我在第1章中探讨的那样,它引导我们思考一些更加根本的问题。正如帕西尼·凯察布所指出的那样,重新评估与时间的关系将我们从宏观带入微观,从思考目的到思考每一天的具体安排,以及哪些事应该做,哪些事不应该做。再以桑尼为例，从微观层面来看，他是否会在讲故事的时候被打断，还是能全神贯注在花园里挖虫子或是和朋友们一起"盖房子"。

课程设置能以特定的方式"承载"时间，但有时也会产生一些意料之外的结果。我回想起自己在20世纪80年代的第一份教学工作，是做一名学前班的班主任，班里都是些四五岁的孩子。那时候我刚参加了高瞻（Highscope）的培训课程，对实行新的工作方式产生了浓厚的兴趣，也就是在"计划，执行，回顾"的教学原则基础上，给予孩子们更多的自主权。我重新排定了一周的课程表，便于让不同组的孩子根据自己的节奏来完成一系列活动。我一直在思考这样的安排会对孩子们产生什么样的影响。在近30年后，我有了以下反思："班上的孩子能否自由地规划自己的学习？以及自由的程度是怎样的？""我对课程的理解，又给孩子的时间观念产生了什么影响？"几十年来，英国的课程改革层出不穷，也给小学和儿童教育带来了关乎时间的新实践。20世纪80年代晚期，国家课程的引入以及之后1998年国家扫盲战略（NLS）的实施都极大地改变了学校的日程安排。英国推行的"一小时语文"课程对时间观念产生的影响最为明显，因为用到的教具代表着时间，能清楚地展现这一小时的每一分钟都该如何度过。处于第一和第二关键阶段的孩子们的识字一小时分为了以下几个时间段：先是30分钟的全班授课，之后是20分钟的小组和独立作业时间，最后10分钟用来给全班孩子进行"回顾，反思，巩固知识点以及展示作业"。

忙碌与"被浪费的时间"

首先，我同研究参与者讨论了他们认为当下儿童教育遇到的主要压力是什么。在讨论中，我们暂且不考虑在疫情期间实施儿童教学的直接困难，而是探讨了教育工作者与儿童之间潜在的压力和紧张关系，以及可能造成这些压力的政策。

爱玛·戴尔（Emma Dyer）回顾了她于2010年在一所英国小学当阅读修复（Reading Recovery）教师的经历：

> 我认为在学校里有着这样一种压力，它要求学生们在特定的时间做特定的事，并且获得特定的成就，但不一定是看得到的成就，更多的是他们力所能及范围内或者能对外展示的成就。孩子们应该在六岁之前就能流利地阅读和写作，因为在英国，阅读和写作在课程中占了较大比重。这种学习上的压力会一层层向下过滤渗透。我并不是说慢慢探索和做一系列不同的事情这种观念已经不存在了，而是学校里的这种压力开始的时间变得越来越早了。
>
> 在6岁之前，你必须能够证明你已经可以熟练地阅读了。在阅读和写作课程方面，你必须能够以特定的文体写作，能够写报告，并且用不同的方式来介绍事物。如果孩子们想要做到这些要求，则需要大量的辅导，所以最好尽早行动起来。如果他们做不到上述要求，那么之后学校将会……受到处罚或是在某方面"失败"。
>
> 爱玛·戴尔

爱玛关注到，为了达到阅读和写作的课程目标，上小学的低年级孩子背负着很大的压力。同时，这个压力还会持续存在。我之后还会再提到这句话。这与斯蒂芬·鲍尔早些时候发表的关于表演性观点有关。在这种压力下进行的实践很难有衡量标准。爱玛继续说道：

> 2010年，我入职学校后，每天下午接待处和一年级的孩子都会度过一段"忙碌时间"。但这也是一个机会，桌子上会摆放玩具、乐高、书籍等东西，孩子们将会拥有大约一小时的时间自由选择去哪儿玩以及玩什么。但是到2012年的时候，孩子们就没有这个机会了，因为这被看作是在"浪费时间"。
>
> 总之，"忙碌"是一个很有趣的词。我认为，讽刺的是人们总是觉得孩子们还不够忙，想让孩子们变得更忙，去做一些更有条理的事情。
>
> 爱玛·戴尔

怎样才算是有价值的时间呢？那些所谓的重要活动是如何从每日必做清单上，到被贴上浪费时间的标签，然后再从日程表中划去的？爱玛用例子讲述了这一点。正如爱玛所说的那样，具有讽刺意味的是，这段让孩子专注地自由玩耍的时间却被视为是无益的，属于被浪费的时间，因为它并不能产出任何学习成果。在这种时间观念中，孩子玩耍的机会被剥夺，俨然已成为需要被人看到的表演的牺牲品。这也引发了关于玩耍和实践的探讨，我们将在第3章中对其展开讨论。

忙碌的教育者

正如我在第1章中提到的，许多参与者都聊到了作为教育工作者时的工作经历是十分忙碌的。他们还观察到了忙碌的孩子，以及忙碌的学习氛围，爱玛所讲的故事只是其中之一。

      同样，我认为学习正在变得越来越匆忙。所以人们期望着孩子们能够在特定的时间点做特定的事情。但我认为孩子们需要一些时间和空间去做他们感兴趣的事，并且家长使用的"勾选框"式的评估手段限制了孩子们理解其全部知识体系的能力。同样，有些知识往往更被重视，所以导致孩子们出现了落后的现象。我认为，这对从业人员而言是一个大问题，而那些想要与这个制度抗争的从业人员，面临的则是监管者对他们的期望所带来的巨大压力。同时，他们也害怕被报复。

林恩·麦克奈尔

    林恩·麦克奈尔（Lynn McNair）博士是爱丁堡大学（Univervsity of Edinburgh）儿童教育和福禄贝尔讲师，她指出通过有限的"勾选框"式评估方法来衡量对孩子进步的期望，会加剧教育工作者的紧迫感。同时，林恩提出了改变儿童教育现状需要花费精力，以及还会有一些负面影响。这给人一种监管制度催生了监管文化的感觉。这种管理可能以多种形式，存在于私人儿童教育与儿童保育机构以外的外部监管机构和内部监管机构，以及存在于父母教育和平时的自我管理之中。

    来自我的焦点小组的一位成员，洛娜·希尔（Lorna Hill）评论道：

      我的工作对象是2岁的孩子们，我发现我有时候喜欢坐下来看着孩子们玩耍，我常常觉得其他工作人员在给我施加一些压力，迫使我去做点什么。所以我就坐下来，看着他们。我听着他们的声音，观察他们的行动，我在想这就是我该做的事，但我觉得好像有些工作人员似乎总在为了完成下一项任务奔波："你今天打算做些什么？"但我更希望孩子们能有大把的时间去反复尝试，以便让他们变得更加自信，并且形成一套自己的理解体系，这样我们才能更好地为他们规划一些对他们有意义的事情。

洛娜·希尔，焦点小组

洛娜仿佛需要"偷时间"才能与孩子坐在一起，并对他们的行动做出回应。

朱莉娅·奥利维拉-福莫西奥（Julia Oliveira-Formosinho）是一名葡萄牙儿童教育研究者。从她的角度看，家长的期待会加剧这种紧迫感：

随着社会和家长对幼年期、学前教育重要性的认识的不断提高，我发现孩子们在学前教育机构的生活节奏也在加快。因此，学前教育面临着小学化的压力，而不是被看作一种帮助孩子们探索世界，用"100种语言"进行研究的途径。而往往我们用学校化来应对这个趋势。

朱莉娅·奥利维拉·福莫西奥

朱莉娅注意到了学前教育面临的"小学化"压力，其主要重点是为孩子们进入下一阶段的学校教育做准备。这与儿童教育的做法形成了鲜明对比。儿童教育主张给孩子提供机会，让他们可以像马拉古齐所说的那样，用"自己的100种语言去探索世界"，用多种方式表达自己。在下一节内容中，我们将讨论教育中的下行压力。

正如埃尔金德所强调的，来自媒体的期望可能会为儿童的时间管理增添新的维度。而来自媒体的压力是日本儿童教育工作者马里·莫里（Mari Mori）提出的一个具体因素：

> 在日本，小学阶段的压力不仅是家庭面临的最大问题，对幼儿园及其日托老师也造成了很大压力，而这也正是大多数家长和媒体非常关心的问题。

马里·莫里认为儿童读小学前在幼儿园待的最后一个月，是对于孩子和教育工作者来说格外紧张的一个月：

> 学年从4月开始，到来年的3月结束。因此到3月时，尤其是带5岁班的老师，会受其负面影响，产生巨大压力。孩子们必须坐上45分钟并学习如何握笔，老师们会问"你会跳远吗""你会跳绳吗"诸如此类。

马里·莫里

马里在此强调，幼儿园和小学之间的过渡时期对教育工作者和儿童而言都是充满压力的。而未来有时也会以一种强势的方式入侵现在，我将在下一节继续讨论这一话题。

同时，也会有一些内部压力。在现实中，可能没有那么地匆忙，并且学习节奏加快的压力也已经内化成一种"自我管理"。这可以被理解为是新自由主义表演性影响的另一种表现，正如鲍尔所说：

> 当表演性存在于我们的大脑和灵魂中时，它的"作用"最为强大。也就是说，当我们监督、管理自己时，当我们承

担起更努力、更快、更好地完成工作的责任时，我们就能"提高"自己的"产出"，作为我们个人价值感的一部分，并用来评估他人的价值。

来自挪威的儿童教育家卡里·卡尔森（Kari Carlsen）指出：

> 当然，我认为很多的教育工作者的工作方式都没什么问题。但我认为他们中的很多人感到没有时间。在时间问题上，他们或多或少都有些忙。也许是他们认为自己受到的限制比实际情况要多？他们认为自己被束缚在比给学前教育机构规定的框架更为狭窄的框架之中。我只能说，好吧，你们完全可以按照自己的意愿行事，拥有自由，但没有好好利用。我认为，在挪威的学前教育机构中的确存在着自由。他们没有好好把握这一自由，并用于改善教育日常。因为这与学前教育的习俗、传统和文化有关。同样，我们也发现不同的学前教育机构也有着截然不同的文化……所以，我认为这与你有没有"感觉"到自己获得了许可有关。这也与自由相关，他们没有利用自由来采取行动。我认为他们看到的框架要比实际的更狭窄。
>
> 卡里·卡尔森

卡里的思考给我们提出了这样一个问题：即使工作在挪威这种没有严格课程设定的国家，为什么教育工作者们还会觉得自己没有时间呢？职业自信似乎是一个关键因素，教育工作者似乎不太敢灵活变通，不太敢变换工作节奏。

学习环境中的教学政策和文化之间的差异会影响到人们的时间观念。在下一个例子中，苏格兰的儿童教育专家唐娜·格林（Donna Green）回顾了她在不同教育机构工作的经历：

过去，一开始我是在一所日托幼儿园工作，在那个时候，还不会借助评价反馈表来评估教学效果，所以我们没有教师投入度这个概念，即使有也不是受评价反馈表驱动。真正的驱动力来自孩子，我想说的是，现在回想起来，其实是孩子们真正主导了我们一天的工作……后来我从这个全年无休的机构转到了早教机构，只用在学校学期时工作，学校假期时则可以休息。当时我立刻就注意到，这里的孩子们的学习节奏加快了，因为他们的课程时间只有两个半小时。人们对教育赋予了一种期待，但仍有一些非常好的做法，有时也会有自由流动……然后，我又换到了另一所学校，它是一所位于非常富裕的地区的更为忙碌的学校，这里的学习节奏则更快了。那里的家长对他们的孩子的期望很高。

唐娜·格林，焦点小组

唐娜的回忆表明这种课程安排会在时间上对师生造成限制，尤其是在那些要求在短时间内产生更多工作内容的地方。安妮特·莱杰（Annette Ledger）进一步讲述了她管理幼儿园的经验：

事实上，在幼儿园里，26个孩子在上午上3个小时的课，然后我们会有1个小时的休息时间，下午又有其他26个孩子来上3个小时的课。这样的工作方式剥夺了我们的时间，而作为一名从业人员，我认为其中也有疲惫的因素，因为你付诸了所有心血在所关心的事业上，想做正确且专业的事，但当你时间紧迫时，你必须时刻保持随机应变。你没有得到适当时间休息，因此会感到疲倦，然后还要为下一批来上课的孩子们做准备。我认为这是一个很大的障碍，也是一个重大挑战。

安妮特·莱杰，焦点小组

时间表和下行压力

时间表体现着我们的时间观。朱伊特（Jewitt）和琼斯（Jones）在内伦敦一所中学展开了调查，研究教室里的时间和空间是如何受到政府教育改革的影响的，以及教师们对这些变化的看法。他们将"政策时间"称为"决策者理想的促进时间利用的方式"，将"时间实践"称为"教师对国家政策和地方背景的回应"。这是一个英语学科教学部门有关时间实践的例子。

教师们严格把控讨论时间，显而易见，时间压力还是很明显的。面对繁重的任务，他们深知时间的紧迫，所以要对时间进行衡量、配给、同步、持续监控和核算。目的是让学生们通过考试。大约一年以后，老师们会通过口头提醒、分发讲义，以及张贴通知等方式提醒学生们考试的存在。从这个意义上讲，我们可以说时间的组织是有预期性的：课堂布置的任务就是为考试做的预期准备；而最终需要达成的目标则贯穿在每时每刻的教学活动中。

朱伊特、琼斯

安妮特和琼斯发现，这所学校里的老师对于为学生一年后的英国普通中等教育考试做准备的看法，与他们研究的另一所学校形成了鲜明对比，因为另一所学校的时间观念截然不同：

> 课程的时间安排，上课时间和下课时间都取决于学生的意愿。学生可以在相当宽泛的范围内选择在课堂时间内进行什么活动。教师的工作，在很大程度上，其实是对学生活动的介入，基于学生自行确定的学习节奏。

朱伊特、琼斯

从安妮特和琼斯的论述中可以看出，重要的不仅仅是教育政策和课程设定，还有教师对其的诠释，这一点具有重要意义。未来的目标"预示"着"每时每刻"的活动，这就是一种对时间的预期性组织。"当下的时间和空间"已被未来的需求所侵占。这与爱玛·戴尔早些时候所说的压力是如何影响低龄孩子的观点相似。这与现在的儿童教育体系有很多的相似之处，在这些模式中，评估体系给当下带来了巨大的影响。

在英国一所小学第一阶段任教的教师，同时也是我的参与者之一，威廉·克拉克（William Clark），他是这样解释这些压力的：

> 我认为必须在一定程度上谈谈第一关键阶段，这样才能充分了解目前儿童教育所面临的压力，因为我在两个年级组都待过，我在一年级教了3年，后来我转到了学前班（基础阶段）又教了3年，目前我又转回了第一关键阶段的教学，

开始教二年级的学生。所以我是根据我的教学经验来谈这一问题的。

　　就速度、覆盖面和内容而言，很多压力都来自对以后教育阶段的需求的了解。因此，为了提前准备一年级的发音测试，学前班的教学就会面临很大压力，而为了准备二年级的内容，一年级的教学也会面临压力，比如让他们必须为即将到来的学力能力测验做好准备。这种压力会不断向其他年龄段传递，因为在应对挑战的那个年龄段，你没有时间去做充分的准备，所以必须提前在这个年龄段之前就开始做准备。

威廉·克拉克

　　在威廉的例子里，安妮特和琼斯所说的时间的预期性得到了充分体现。面对未来，孩子们几乎看不到当下的价值。这与马里·莫里先前所说的日本教育系统里升入小学前的最后一个月，孩子和老师会面临特殊压力的言论不谋而合。而准备和适应学校的常规生活会更为影响时间观念。唐娜·古瑞在一所小学担任高级早教职员，负责4岁儿童的入学工作，她用自己的经历解释了计划和时间表给孩子们的日常生活所带来的影响：

　　在那里我度过了一段非常艰辛的时光。刚开始的时候，我出于对学术和成就的渴望，花了好长一段时间才真正了解到孩子们需要什么。他们需要列计划和时间表，告诉他们什么时候去体育馆，谁必须去。孩子们都按照时间表做事，但我又不得不为他们写一份年度总结。这就好像孩子们都被放在许许多多的盒子里，我都不记得我见过他们。

唐娜·古瑞，焦点小组

时间压力的一个重要方面就是如何权衡儿童与教育工作者之间的关系，而这一问题也是本书中讨论的重要基础。凯特·考恩（Kate Cowan）则讨论了该压力带来的影响：

> 冥冥之中我们总觉得必须严格按照时间表来执行工作，否则会发生一些不好的事情。我觉得我在教书的时候，有很多非常有趣的时刻，我真的很想放大并专注于这些时刻，但实际上你要知道这里还有其他19个孩子在，我必须时刻观察着他们的一举一动，并顾全大局。

凯特·考恩

本章的最后一节将会回到儿童对于时间的感知的内容上。

"再多给5分钟"

刚提笔写这章的时候，我就想到了桑尼，他的时间观念跟文化背景密切相关，而非严格遵守学校里设定的时间表。我的采访对象思考了他们与孩子们时间观念的差异，并提出了自己的见解：

> 从某种程度上讲，我觉得孩子在幼年时期更多是依靠经验来感受时间的。他们对时间的看法与成年人截然不同。对于成年人而言，我们很难理解所有事情都依据时间表，并且在身上带很多能显示时间的东西。所有事情都会顺其自然进行，而学校里的课程表和时间表则是由成人制定的，并首先服务于成人。但我认为这些成年人理解时间的结构不同于孩

子们的时间认知结构。

我认为，如果孩子对某件事情感到兴奋，那么他们可能会感到时间变得很快，但如果他们不得不为某件很好的事情等待，他们就会感到时间过得很慢。如果他们在做一些枯燥无聊的事情，那么时间显然在他们眼里就会流逝得更慢了。食物、饥饿、兴奋、恐惧，我认为这些情绪可能会对孩子们感受时间产生更大的影响，而不是我们用数字来规定的时间单位。

威廉·克拉克

物理学家卡洛·罗威利（Carlo Rovelli）强调了时间的经验维度，他认为时间不是一个固定的概念，而是通过不同的方式被感受并描述的："在我们的个人认知中，时间是具有弹性的，几个小时可以像几分钟一样悄然流逝，而几分钟也可能像是几个世纪一样让人难捱。"

坎宁（Canning）在对社区活动中孩子的社会性游戏进行民族志研究时，注意到儿童、家长和教师对时间感受的叙述方式也有所不同：

"再多给5分钟"这句话我们在生活中常常听到，但是它所代表的含义非常丰富。孩子们说这句话是为了恳求家长能再让他们多玩一会儿；教育工作者说这句话则是为了进行口头警告，提醒孩子们还有其他的日常活动要进行；而家长们说这句话则是为了奖励孩子们，让他们可以和玩伴们有更多的玩耍时间。

坎宁

坎宁为我们展现了在儿童教育中，即使说的是同一句话，对时间的不同理解是如何产生的。时间管理是一种强有力的工具，额外时间可以被视为是所需的时间，也可以被视作一种管理或奖励的手段。因此，对于参与游戏的孩子来说，他们争取的最理想结果是获得更多的时间。从教育者的角度来看，"再多给5分钟"则是教师和家长用来控制孩子的手段，因为给予或占据孩子们玩耍的时间的权力仍在成年人手中。

总结

与时间的关系深深植根在儿童教育中，而且往往是不明显的，但又是必然和重要的。时间具有价值，而且可以被当作一种珍贵的商品。在本章中，我探讨了对时间观念的认识，这也是在儿童学习环境中思考时间的一个重要方面。学校教育中的时间观念源于工厂学习制和工业革命。下面是英国纺织艺术家克莱尔·韦尔斯利·史密斯（Claire Wellesley-Smith）在其书中提到的"慢针"（Slow stitch）概念中讲述的一个关于纺织厂钟表的例子：

> 在一些工作场所，甚至有一种来测量生产效率的时钟：在普雷斯顿的一家丝绸厂中，有一个双面时钟与驱动机器的水磨相连，一面显示时间，另一面则会在水磨转动不够快时显示"损失时间"，而这段损失时间需要工人们在工作日结束后加班补回。
>
> 韦尔斯利·史密斯

这给我留下了深刻的印象。在学校和儿童教育中，生产效率和"损失时间"可能不会用双面钟表来测量，但压力是否仍然存在？这就提出了一个问题：谁的时间被浪费了，是成年人的还是孩子的？失去的时间又是从哪来的呢？我将在第3章中聚焦在孩子们的"游戏时间"上，继续探索这一问题。

问题

1. 在教育中，你遇到过哪些未来目标"预示"当下的事例？
2. 害怕被他人评判在多大程度上影响了忙碌的教育实践？
3. 你会怎样说明时间政策与时间实践之间的区别？

注

1. 学前班是英格兰和威尔士公立学校为4至5岁儿童开设的第一年义务教育。
2. 在英格兰和威尔士公立学校，第一关键阶段的孩子年龄在5至7岁，第二关键阶段的孩子年龄在7至11岁。
3. 阅读修复是新西兰教育家玛丽·克莱（Marie Clay）提出的一项专项阅读计划。

玩耍时间

简介

在时间运用方面，玩耍可以给我们怎样不同的启示呢？而用什么词汇概括可以帮助我们更好地理解这种现象呢？本章可分为两个部分。第一部分聚焦于玩耍和时间的关系；第二部分阐明两个重要概念，"延伸时间"（stretched time）和"全时时间"（timefullness），这两种现象可见于孩子玩耍和慢实践中。

本章所讨论的内容将置于现代框架之下，对某些特定时期玩耍的重要性进行分析。

在新冠疫情的不同时期，关于玩耍的话题屡次出现在全国性的大辩论之中。以英国为例，在第一次封控期间，一张随附照片，内容为被关闭的操场，出现在媒体上，这暗示着新冠疫情期间英国的封锁情况。该照片的传播范围很广。而后，关于玩耍的话题出现在公众的视野内，在封控期间应该如何学习成为人们讨论的焦点。凯特·帕尔（Kate Pahl）以玩耍的价值为主题写了一篇论文，名为《玩耍也是学习：封控之下以不同的视角看待学习》(Play is educational too: an alternative look at learning during lockdown):

> 素质教育的实践是灵活而又生动的。儿童可以从任何事物中创造意义，例如纸巾、钢笔、白纸、玩具以及一系列小玩意儿，且他们在创造意义时不会局限于言语。滚来滚去、跳来跳去还有跑来跑去都是有意义的……儿童用纸巾来折小鸟，利用地图和白纸来制定藏宝路线，并且还可以在沙发上跳来跳去与别人打闹。在看电视或者打游戏时，儿童会跟着唱歌、跳舞、大喊大叫——这是他们在互联网上历险所做出的创造性反应，比如风靡一时的牙线舞狂潮。
>
> ……最重要的是，在这段特殊的时间里，久违地，你可以什么都不做。做白日梦，躺着放空或者思考，这些都是生命中重要的组成部分。
>
> 帕尔

文章生动地描绘了儿童玩耍时的快节奏和慢节奏，既包括十分激烈的运动，也包括静态的活动——"做白日梦、躺着放空或者思考"。

帕尔所阐述的在疫情期间展现出的玩耍的价值，与一些孩子所经历的"新式"忙碌形成了非常鲜明的对比。以前孩子们按部就班在学校学习，努力跟上学校的教学日程，而如今孩子们所要忙碌的事完全不同于以前——他们的生活被线上线下的各种活动填得满满当当。

当社会开始讨论新冠疫情之后的生活时，玩耍再一次成了辩论的焦点。在2021年2月的《华盛顿邮报》(*The Washington Post*)中，也就是疫情持续将近一年之后的时间，尼古拉斯·坦坡(Nicholas Tampio)在自己的文章中强调了玩耍的重要性："这个夏天，政府、大众社会以及各个家庭都应该想办法，给孩子活动的机会。这些活动应当是自发的、快乐的并且充满想象力的，换句话说，也就是放手让孩子们去玩耍。"

尼古拉斯是一位政治学家。在历史上的很多时期，许多来自不同学科领域的专家都会倡导宣传玩耍的价值，他便是其中之一。在英国，很多人倡导"在夏天尽情玩耍"的观点，以此来平复新冠疫情以来受到的创伤。海伦·多德（Helen Dodd）是一位儿童心理学的教授，她评价道："孩子们需要重新和他们的朋友一块儿玩耍，重新建立联系。在室内待了那么久，他们需要知道在户外活动的感觉是多么美妙，而且他们也需要开始进行身体锻炼了。"儿科医生对此也表示担忧。米歇尔·厄布桑德（Michael Absoud）是伦敦伊芙琳娜儿童医院（Evelina Children's hospital）神经障碍方面的高级顾问，他对孩子们缺少甚至是根本空缺的社交表示担忧。社交可以满足儿童成长中的特殊需要。他表示："……社交性玩耍的缺失真的令人担忧。疫情已经持续一年了，这对一个6岁的孩子来说是至关重要的一年。玩耍在大脑发育过程中起着十分重要的作用，这是儿童学习的方式。如果我可以的话，我会将玩耍作为我的治疗处方。"

在此背景下，首先，我将会从现实角度出发，思考玩耍是怎样挑战受制于时间限制的教育系统的。

然后，我将会简要地研究时间与节奏之间的显性和隐性的关系。关于这种关系，弗里德里希·福禄贝尔（Friedrich Froebel）早在他构思创立幼儿园时就已经讨论过了。

接下来，我们将讨论有关玩耍和时间的重要术语："延伸时间"和"全时时间"。这两个术语体现了时间的重要性。仔细研究我们所知道的词汇，我们可以清晰地认识到，当涉及时间时，大部分是假定的，而不是清晰的。在这层关系"浮出水面"后，我们或许可以意识到在政治、原则以及实践背后所深藏的紧张和模棱两可的状态。

最后，在玩耍的过程中，我们会研究谁的时间是要紧的。

玩耍与学校教学的矛盾，以及玩耍的时间观念

玩耍需要时间才能施展，且从其本质上来说，不需要任何计划，反之，则会遏制儿童的玩耍。苏格兰政府出台的有关儿童的《玩耍策略》（*Play Strategy*）就强调了玩耍开放的本质：

> 玩耍包括儿童的一些行为，这些行为应是他们自行的选择，以个人兴趣为导向并且受到天性的驱动，而不是为了某个外在的目标或是奖励，并且这些活动对于他们的健康发展来说是基础且必要的——这不仅是为孩子的利益着想，也是为整个社会的利益着想。
>
> 苏格兰政府

玩耍的开放性特质或许对于有具体衡量标准的教学系统来说是最致命的挑战。儿童教育与当前强调为升学做准备的教育政策格格不入，这是因为儿童教育采用以玩耍为基础的教学法为指导。默里斯（Murris）和科恩（Kohan）指出，讽刺的是英语中"school"一词来源于希腊语"schole"，该词意为闲暇时间、娱乐、休闲与放松。凯特·考恩在2007-2008年间攻读了教育学研究生课程（PGCE），在采访中她透露，学习的内容和实际工作的差异令她倍感压力：

　　我认为教学工作是很具有挑战性的，因为……长久以来，人们普遍认为儿童教育往往关注于儿童如何学习，并围绕着玩耍、户外探索和动手实践展开。而在相关政策上，儿童教育需为日后的学习做准备和评估，因此理论与现实之间存在着切实的矛盾。具体来说就是学校教学评估中认为有价值的方面往往与很多经典公认的教学理念有很大出入。福禄贝尔、蒙特梭利（Montessori）、苏珊·艾萨克斯（Susan Isaacs）以及其他教育学家的理论都无法适用于现在的学校教育。他们的理论为我们国家的历史做出了贡献，当然也是我研究生课程要学习的内容。他们的研究分析和评价了儿童教学的理念与方法，使得我们能够深入地学习它们，但一旦投入实际的教学工作中去，你就会发现无法将所学与实践结合起来，从而达不到预期的效果。

　　我认为这种情况在儿童启蒙阶段的学校教育中尤为明显。学校遵循国家课程（National Curriculum）的同时，又要兼顾儿童的特性，并遵照儿童教育基础阶段纲要（EYES）来行事，这是十分具有挑战性的任务，因此，在初等教育阶段才设立了学前班和托儿所。而这也导致了儿童启蒙教育变得越来越"学校化"。这对于教育从业者来说是一个艰巨的任务，因为他们要做的实在是太多了。

凯特·考恩

　　凯特·考恩在接受教育学研究生课程期间亲身经历了学前教育工作中的"学校化"，而在当时，儿童启蒙教育已然在发生着变化，逐渐为今后的学习而服务。为学校学习做好准备已经纳入儿童教育基础阶段纲要的框架之中，该纲要适用于英国儿童学校教育和其他儿童启蒙教育。

> 该纲要的实施对象为0-5岁的幼儿，为其发展、学习和养育设定了法定的标准。该纲要中规定，任何儿童启蒙阶段教育的提供者，包括学校和其所提供的服务，都必须确保儿童得到了他们应有的教育和发展，并且能健康成长，远离危险。 做好儿童启蒙教学和小学教育的衔接工作，传授好相关的知识，培养实践的技能，为儿童今后长远发展打好坚实的基础。
>
> 英国教育部

纲要的内容让人想到了第2章中提到的未来驱动，或是预期性概念，这些概念是指人们认为为未来做准备比现阶段的学习更加重要。

哈佛大学教育学院高级研究员玛拉·克雷切夫斯基（Mara Krechevsky）和她的同事就此问题开展了零点项目（Project Zero）。他们指出玩耍的概念与学校教育的时间观念存在潜在的冲突。他们将这种现象称之为"玩耍的无时间限制性本质与学校教育的课程时间性本质的矛盾"。同时，哈佛零点项目和乐高基金会（Lego Foundation）合作，开展了游戏教学法项目（Pedagogy of Play project），来系统性地研究如何在学校开展趣味性学习和教学。而上文所提到的矛盾也是该项目所要解决的问题之一。该项目首先与丹麦的毕朗德国际学校（International School of Billund）进行合作，展开研究，随后该研究在世界多处设立试点。

玛拉在采访中进一步说明了她的研究情况：

> 我们当时和一所丹麦的中学合作。那里的老师认为如果

想让学生们切实为自己的学习而负责，就必须让他们重新思考时间的意义。因此他们决定做一项试验，他们暂时取消了学校的课程表，在这几周内，让学生们自行安排自己的时间。他们可以自主选择在什么时候什么地方学习，而老师随时准备着为他们提供帮助。在我跟踪观察的学生之中，有一位学生有了更多的时间和机会来研究涨潮现象，他对此十分感兴趣，而如果遵循学校日常的课程表，他不会有时间来进行这项不寻常的研究……也许这项试验不适用于所有的学生，但我认为这是老师们做出的一项大胆前卫的试验，且据我所知，他们一学年会安排出两个时间段让学生们自主探究学习。

玛拉·克雷切夫斯基

这项研究项目总结出了游戏教学法的八项原则，其中第八项原则和本章的核心内容息息相关：

以学生集体为单位，研究玩耍和学校教育的矛盾。若想做到寓教于乐，就需要协调好玩耍和学校教育的本质性矛盾。而集中地系统地研究学生学习的相关产品（教学档案）可以帮助教学者协调这一矛盾。

玛拉·克雷切夫斯基

提出者在这条原则中清晰地阐释了玩耍和教学之间的其中一种矛盾，而非一笔带过。而加入对教学档案的研究可作为协调矛盾的一种方法。我们将会在本书第7章进一步研究教学档案作为一种慢实践的重要性。

在接下来的小节中，我们将简略地回顾一下幼儿园之父弗里德里希·福禄贝尔（Friedrich Froebel，1782-1852）关于玩耍和自由的观点，并探究在当代学前教育中其观点对重新思考时间概念的启示。

福禄贝尔——游戏与自由

自由有两面，一方面阻止你经历探索，另一方面又允许你经历探索。利比谢奈尔（Liebschner）从传递式教育角度出发，他认为儿童具有全身心投入自主学习中的自由，由此阐明了福禄贝尔的关于自由的观点：

> 福禄贝尔对机械式学习和不恰当的教学法进行了思考，进而形成了更加积极的学习自由观。他认为要给予儿童充分的自由去参与、选择、行动、观察和玩耍，简而言之，就是给予时间让儿童以适合自己的节奏来吸纳消化新知识。
>
> 利比谢奈尔

上述所说的可以与奥诺雷（Honore）所提出的"准确节奏"或是平衡的慢运动（Slow Movement）原则相联系。福禄贝尔强调孩子以自己的节奏来进行学习是十分重要的。因此时间维度至关重要。我们应该给孩子们机会让他们学习并实践新知，进而融纳进知识网或者说是与他们原有的知识网相关联。那么他们就必须能够自由地玩耍。但这与贾维斯所说的"加速的课程"相冲突。人们对孩子们在各个年龄段应完成的学习任务有着严格的要求，并需要进行评估，因此产生了"加速的课程"这样的概念。

蒂娜·布鲁斯（Tina Bruce）则研究并进一步完善了福禄贝尔的教学法，归纳出了福禄贝尔式儿童游戏教学法的12个特点。我从其中选取了4个特点在一定程度上来阐释游戏和时间之间错综复杂的关系。

儿童通过自由的玩耍可以获得直接的第一手经验，这依赖于儿童自身强大的内驱力，去不断奋斗、掌握材料、探索发现，并且需要反复地实践。

布鲁斯

这一特点指出儿童在自主的游戏过程中可能会一直重复他们之前所练习的内容或任务。我邀请了许多教育从业者，组成小组来讨论我的研究发现。他们指出即使疫情封控后过去了几个月，孩子们仍然在玩封控前他们所进行的游戏。那么问题来了，这样的重复游戏是否会成为问题呢？"是时候继续前进了"还是说重玩游戏应该得到支持和重视？

玩耍是一个活跃的过程，但不会形成最终的产物。玩耍停止后，也就无从寻找踪迹了。因此你永远不可能原模原样地再复刻一遍。玩耍就是此时此刻下的产物，玩乐时间结束后一切便消失不见了。这样的特点有利于儿童思维灵活性和适应性的培养，促进智力发展。

布鲁斯

玩耍的短暂性特点对教育系统来说也是一大挑战，因为教学活动强调教学成果的可测量性和可测验性。为了使人们注意到这一点，布鲁斯在这里重新提到了玩耍和时间的关系。玩耍作为一个开放性的过程，就其本质来说，不应受到时间的限制。玩耍所需的时间无法提前进行设定。玩耍与时间的矛盾产生了如下问题：（1）玩耍能适应学校教学日常的程度有多大？（2）课程时间表对儿童的学前教育究竟会产生怎样的影响？

玩耍可以让我们沉浸在自己的想法和感情中，与他人建

立联系，并体会身体强劲的力量。在这个过程中，我们会意
识到自我，我们与他人的关系以及在宇宙中的位置。这让我
们与他人、社会和世界联结在一起，有了互联性。

布鲁斯

"沉湎"（wallowing）指慢慢打发你的时间。你不需要赶时间去完成
任务，而是沉下心来，专心地去做一件事。这会给你带来愉悦与享受。或
许这就是"沉湎"一词在教育研究语境下显示出积极意义的原因。而在如
今儿童早期教育环境之下，儿童需要努力学习，并完成大量学习任务，也
许这让孩子们失去了学习的乐趣。

玩耍是一个融合性机制，将儿童所学、所知和所理解的
东西结合起来。这基于儿童探索研究所获得的亲身经历。在
多数情况下，玩耍具有自愈性，能够发展儿童智力，促进其
形成自我意识，并与他人、社会和整个世界建立联系。儿童
早期玩耍过程会使儿童受益匪浅，并为未来发展提供强有力
的支持。

布鲁斯

福禄贝尔指出如果儿童能够自由玩耍，不受干扰、不做规划，那么他
们能够在玩耍过程中去联系他们已有的知识。儿童能够通过玩耍联系不同
领域内的经验知识并以已有的知识为基石来理解新知，这是福禄贝尔提出
的重要原则——"联系"原则。要理解福禄贝尔的"联系"原则，需要具
有强烈的时间维度意识。让儿童联系他们的经历，就意味着儿童有能力构
建习得的知识与新知识的联系，并持续地深度求索。丽兹·布鲁克（Liz
Brooker）指出，如果儿童之前所积累的知识和经历被低估、被质疑或是

被忽略，那么他们或许就不会在上学后的学习过程中联系自己所学过的知识。海伦·托维（Helen Tovey）阐述了福禄贝尔教育理论在当代的应用，这有助于协调游戏与时间的关系。托维强调了时间的空闲是福禄贝尔式教学环境的关键特征。

> 遵循福禄贝尔教学理念的教育工作者会安排出自由的且不受干扰的时间让学生沉浸于游戏或是其他学习活动中。如此，他们的学习日程不再满满当当，而且避免了许多不必要的干扰。
>
> 托维

"不受干扰的时间"可以与我要讲的下一部分内容联系起来，我使用了专门的词汇来阐述游戏与时间之间独特的关系，由此我们可以对慢实践有更加深刻的理解和认识。

延伸时间（stretched time）和全时时间（timefullness）

寻找合适的表达来表示有别于时钟观念的时间观可以使我们更加清晰地意识到在学前教育中，什么时候发生了游戏性学习，并探究如何提高儿童在此方面进行实践的可能性。

延伸时间

哈里特·库法罗（Harriet Cuffaro）详细讲述了她在儿童早期教育的"教室"（在此引用库法罗的表述）内运用约翰·杜威（John Dewey）思想理论的实践。反复研读库法罗的书，我对其中从容不迫的文化印象深刻。

库法罗强调为学习者创造"不受干扰的时间"是极其重要的，她将这段时间称为"时间的非碎片化延伸"，也就是"延伸时间"。

在充分的意识和理解下，我们应当重新考虑儿童的课程表，让他们能够有时间自由行动，不受打扰，且不用再为各种学习任务而奔波。

> 时间的非碎片化延伸不仅能让儿童更加深入地参与研究，还能让儿童不断深化自己的实践，创造更有价值的意义，而非匆匆一瞥。有了延伸时间，儿童更有机会来自主选择并且看到他们行动的结果。想要实践这种学习方法，必须将时间视为一个角度、一种节奏或是一个机会，并充分珍惜每一刻的时间。

库法罗

在上述内容中，库法罗强调了非碎片化的整块时间让游戏式学习成为可能，比如，儿童有机会自己做选择，并看到随之而来的结果。而培养以至于让儿童显现独立选择和行动的能力则需要教育者有充足的时间和充分的耐心。在本书第11章我们将继续探讨关于耐心的问题。对于我来说，"时间自由""非碎片化时间"和"延伸时间"这3个概念都是一样的，指儿童可以有机会来深度参与进自己的活动中，而非匆匆一瞥，仅停留于表面。

有一点矛盾的是，在学前教育中，儿童能够发现自己玩耍的时间被切割成越来越小块的碎片，而且他们能够发现的原因有很多。玛丽·简·德拉蒙德（Mary Jane Drummond）在阅读完苏珊·艾萨克斯关于对麦芽屋学校（实验性教育机构）的详细描述后，提出了很多矛盾点，这就是其中之一：

我在麦芽屋任教，如今我则时常观察孩子们在教室内的活动，我发现孩子们几乎不会在排队、等待、填写注册表、交午餐费和拿体育器材等日常性事务方面花费时间，正如坎贝尔（Campbell）生动的描述，这些都是蒸发的时间。所有可利用的可支配的时间都属于孩子们，而不是为老师的教学日程服务，在这些时段内，孩子们可以度过生动而有趣的时光。

德拉蒙德借用了坎贝尔和尼尔所提出的概念"蒸发的时间"（evaporated time）来形容人们（不论年龄大小）都在经历的一种状态，即花费在日常琐事上的时间在不断减少。在我自己进行的研究"生活空间"中，我所观察的4至5岁的孩子也时常让我感受到时间的蒸发，比如他们在集体活动和在学校食堂排队所花费的时间都在减少。

或许我们可以将为儿童玩耍而创造的"延伸时间"概念与德勒兹（Deleuze）和瓜塔里（Guattari）所提出的"光滑空间"（smooth space）"条纹空间"（striated space）相联系起来，在思考时间维度的过程中考虑空间的建设，从而加强时间和空间之间的互联性。德勒兹和瓜塔里为探究思维方式，提出了缝被子模型以及其他思维模型。"疯狂式"缝被子是指不同的碎布可以随意缝制在被子上，而不需要形成特定的花纹图案。我认为光滑空间是具有趣味性的，能够让人们进行开放式的探索和自由发挥：

光滑空间或是说流动空间可以让人不受约束地自由行动，无需计划性，并且促进发散性思维的发展。奥尔森

（Olsson）说："发散性思维虽然会打破我们原有的行为规范和习惯，但是会以一种全新和出乎意料的方式对行为和习惯进行重构。"虽然条纹空间或说是静坐空间是预先定义的，但根据德勒兹和瓜塔里的描述，在缝被子模型提出的过程中，条纹空间和光滑空间之间存在一定联系。

克拉克

接下来，我会继续介绍与时间有关的专业术语，这些术语所描述的时间观都与学校教育所遵循的时间观不同。波文（Povey）等学者在研究英国小学数学教学时提出了"规范时间"和"广泛时间"这两个概念。尽管有人批评他们将人们的注意力引到了数学上，但波文和他的同事开展这项研究是为了研究学生在课程学习过程中不同的时间构建，由此进一步研究教育的时间维度，以便于未来的完善和改造。他们在研究中借鉴了时间逃逸这一社会学理论：

时间逃逸指出了时间的复杂性和重合性，包括物理时间和主观时间即人所感知到的时间。时间逃逸证明了时间的多维度、循环性和非线性。

波文等

通过思考"时间逃逸"这一概念，我们可以认识到在线性的、时间表式的、时钟时间之外，还有体验性时间。波文等人在研究新自由主义教学实践时开展了有关"规范时间"的研究活动：

在日历或是时钟时间上存在着中性的非语境的空白时间，这些空白时间毋庸置疑是活动开展的媒介和范围……而这些活动具有经验性、构建性、记录性和商品化性。

在教学中如果采用"广泛时间"的理论，教育者需要为意外情况和未完成状态留有余地，从而儿童可以继续以理论为基础，并不断回顾理论。根据课程理论家大卫·贾丁（David Jardine）的研究，广泛时间是"有价值的时间"。贾丁问道：

> 哪些经历值得我们休憩逗留，值得我们回顾反思，值得我们等候记忆，值得我们花费时间，值得我们为此消磨精力与时间？

接下来，在我们探讨慢实践在学前教育中的表现形式时，我们会接着讨论广泛时间逃逸理论。

全时时间

在本章开头，我已讨论过玩耍与时间的关系，玩耍可以为我们提供完全不同的时间观念。同时，我也提出了许多的专业术语，它们清晰地阐明了在学前教育中慢下脚步后会发生的情况。在此研究领域内，"全时时间"的提出也很具有启发性。"全时时间"这一概念在神学、地质学两门完全不同的学科中都有所提及，在此，我将这一概念引用到儿童教育领域。

和时间做朋友

神学家约翰·斯温顿（John Swinton）在自己所著的书《和时间做朋友》（*Becoming friends of time*）中，聚焦了时间与缺陷的问题。他认为时钟时间是线性的、动态的、向前发展的，同时也是可测量和可控制的。斯温顿从神学的角度挑战了时钟时间的专制地位，他倡导与人们的经历和生活相协调的表示时间的方法，也就是更广泛的时间观。斯温顿的观点引发了人们对时间与伦理的讨论，使人们关注到了我们与时间的关系中内在的不易察觉的价值。从全球的角度看，现行的以欧洲为中心的线性时间观可视为是一种殖民主义的遗产，与许多本土的时间记录模式相冲突。

我们生活在时间之中，时间与我们的人生紧密相连，当我们谈论起时间时，我们时常会疑惑究竟什么样的人生才是美好的一生呢？斯温顿从巴德－塞伊（Bader-Saye）那儿得到启发，他认为："我们怎样度过、理解我们的时间，我们就生活在怎样的社会里。"因此，从此观点出发，我们应关注并思考不同的经历时间的方式，其中包括儿童教育中时间的安排。斯温顿还指出，如果与持不同时间观的人密切交往，我们对时间的观念也会有所改观，并可以学着以一种新的方式生活。

和时间做朋友这一观点启示我不应困于时间之中，也不必逃避时间（时间虚无主义），而是要与时间建立起不一样的联系。同时，斯温顿的观点也清晰地提醒我们从精神世界的角度去重新思考我们是怎样与时钟时间建立联系的，以及究竟什么是应该优先考虑的。"全时时间"这一概念与前文所提到的福禄贝尔式时间自由相一致。广泛时间观强调的是人类本身和以人为本的思维方式。这告诉我们，我们在评估时间时，应该将我们自身的经历考虑进去，强调我们自身经历的重要性。正如我所讨论的那样，在疫情期间，无论是个人还是家庭，对时间的感受都发生了深刻的变化。在我所做的采访中，某些时刻，我可以明显感受到人们对于时间看法的改变，他们关注到了人本身和他们自身的经历。在这里，我从对采访对象西尔维娅·金德（Sylvia Kind）的采访中截取了两段来进行说明：

　　艾莉森：所以你觉得时间慢下来会是什么样子？当你第一次读到这个概念时，你是怎么想的？……在你的研究或者其他研究实践中，你曾碰到过什么样的慢实践？

　　西尔维娅：对我而言，我不认为那叫"慢下来"，尽管我确实是这么做的。且于我而言，慢节奏的生活学习方式是我的成长方式，它来源于我童年受教育的经历。我儿时就读于蒙特梭利，那是一所十分美丽的学校，其中一位教过我的老师，直到90岁才退休。学校雇佣了全职的美术老师，而且我们学校离海滩很近。每天上午我们在学校完成所有常规的课程后，下午我们便会到海滩上写生，观察那些鸟类。因此，在蒙特梭利的时光深深烙印在我心里，我始终认为那是教育的一种形式。我在那里读书，从幼儿园一直待到小学三年级。所以，慢下来的教育模式不仅仅是我在书上读到的，更是我的经历。

西尔维娅·金德

　　我们可以从采访中得知西尔维亚童年时期特殊的教育经历，而蒙特梭利的教育模式也深刻影响着西尔维娅的教育观。

　　其实，坦白地说，在对待时间方面，我的儿子纳撒尼尔（Nathanial）是我最好的老师。

　　他出生时身体残疾无法进行语言交流。我从他身上学习到很多，体验他走路的节奏，注意他所注意的事物，学习他理解、感受、生活在这个世界上的方式，我受益良多，对时间有了更多新的看法，这是任何研究都无法做到的。

西尔维娅·金德

学习按照纳撒尼尔的节奏走路，从中我们可以认识到按照自己的时间感行事和按照钟表时间行事是完全不一样的。正如斯温顿所说，每个个体都有自己的时间表，而每项任务都有自己的处理节奏。每一项任务都应有目的性地，有条不紊地按照特定的节奏去完成，而不是一味地追求效率，疯狂地压缩时间。

我对时间感的理解还来源于地质学家玛希娅·贝约内鲁（Marcia Bjornerud）的研究。她支持广泛的时间观，认为广泛的时间观能让我们更好地回顾过去的历史，并认真地为地球的未来着想。她不认为万事万物是恒定不变的，她认为我们对时间的感知应与地质年代的变迁相一致：

> 因此，对时间感观念的支持，就是承认人类是时间生物，我们应该去学习我们所依赖生存的这颗星球的历史和地理环境。同时，我们要意识到人类的行为方式必定要与自然发展过程相协调，尽管未必是以我们所期盼的方式进行，而随着世界人口的不断增长，这一点也愈加重要。

贝约内鲁、克劳斯

对于神学家和地质学家会强调时间的重要性这一点，我并不感到意外。因为这两门学科都需要长远的目光，反对短视的思考方式。这两门学科都聚焦于几百年间时间的流逝变化而非钟表上的时间。

在接下来的章节中，我会继续探讨"延伸时间""时间感"以及其他相关的理念，这些理念与之前所讨论的紧凑的、没有多余空闲时间的钟表时间不同，它们塑造了我对时间不一样的看法。

总结

　　本章以儿童的玩耍为开篇，以此为切入点讨论在教育中，尤其是儿童教育中，与现行的时间安排不同的时间观念。而玩耍活动和学校所实行的时间框架的本质特征相异，二者必定存在矛盾和冲突。这些矛盾涉及教育的目的、教育的价值或者"值得性"。而关于教育的目的和价值的讨论近年来越发激烈，受人们关注，这是由于近来全球对教育问题的迷惘，这种迷惘尤其体现在后疫情时代人们对教育问题的讨论中，究竟未来教育应该以什么内容、价值优先，这深深困扰着人们。而对时间的观念看法，就往往隐藏在这些讨论里。目前，在学前教育阶段，以及其他阶段和领域的教育中，现行的都是钟表时间，而本章讨论了许多其他的时间观念和时间理念。从玩耍的角度，我们得以认识了解完全不同的时间观念，时间可以具有广泛性、延伸性和沉浸性。因此儿童早期教育阶段有很多我们值得探究讨论的地方，对于儿童的慢教育问题，我们的探索研究才刚刚开始，在接下来的章节中，我将进行更加详细的分析，向大家阐述慢速教学法和慢知识等相关概念。

问题

1. 对于"是玩耍的无时间限制性本质与学校教育的课程时间性本质的矛盾"这一观点，你同意吗？

2. 儿童的时间自由应该是怎样的？

3. 从自身的童年经历出发，你能举出有关"延伸时间""蒸发的时间""全时时间"的例子吗？

注

1. 英国小学的学前班以早期教育基础阶段纲要课程为基准。儿童在小学一年级开始接受国家课程教育，而在英国，不同地区间国家课程的设置是不同的。威尔士于2022年9月实行威尔士课程，替代原先的基础课程框架。苏格兰实行"卓越课程"，覆盖3至18岁年龄段的学生。而实现2020目标是苏格兰儿童早期教育的实践指导。

慢速教学法与慢知识

简介

在本章中，我列举出了儿童教育阶段的慢速教学法的共同特征，并且阐述了慢知识。在这里慢速教学法是一个复数名词，因为这并不是一个单一的教学模版。这是同研究参与者以及其他人讨论时的意义形成过程。访谈基于对话，有助于我们一起思考"慢"教学和慢知识如何与我们的教师教育、研究和实践经验联系起来。

首先，我探讨地点慢速教学法的概念。

慢速教学法

"地点慢速教学法"的概念源于环境/户外教育，这一概念阐述了"慢下来"的价值，以及对于我们如何审视与地球关系的意义。佩恩（Payne）和瓦特乔（Wattchow）驳斥了"快餐教学法"，即快速的、快餐化的、虚拟的、全球化的，可供下载学习的电子教学法，这是一种极具抽象体验感的技术。与慢速教学法相对应的还有慢食运动（Slow food movement），慢食运动抵触标准化的快餐文化。快餐式教学法所产出的产品简单易得且统一，但能提供长期的营养吗？在接受朱莉娅·奥利维拉-福莫西奥的采访时，我也提出了类似的观点，即基于工作表的儿童教育：

> 工作表让效率更高，一张接着一张，一张用来学语言，一张用来学数学……速度是快了，但是能起作用吗？孩子记得住吗？孩子们从工作表中学到的知识是深刻的吗？能持久吗？

朱莉娅·奥利维拉-福莫西奥

佩恩和瓦特乔呼吁对快速教学法进行解构和重建，他们说："慢速教学法或生态教学能让我们在某一处空间停留，但绝不仅仅是短暂的片刻。因为，我们能感受和理解那片空间的意义。"他们为环境教育本科生设计的教学模块"体验澳大利亚风景"就体现了对时间和空间的思考，这个我在其他地方说过。佩恩和瓦特乔让他们的学生从虚拟的、间接化的学习中解脱出来，例如在同样的海岸风光中流连忘返。在这样的学习方式中，你就是独一无二的。正如范梅南（van Manen）所说，学习者可以亲身体验、深入思考，并且调动感官，与教育学中的现象学研究法有异曲同工之妙：

> 现象学可以用来探索任何教学经验或现象的独特意义，例如关怀、认可、耐心、鼓励、希望、尊重、谦卑等经验。现象学教育学的现实意义在于它对教学情境和教学关系的思考和把握。

这些理论会在本章反复出现，甚至贯穿全文。我在探究慢实践时，现象学思维和具身性学习也会再次出现，比如会出现在孩子们的户外实践和日常生活中，也会出现在他们和材料相处的过程中。

地点慢速教学法也是儿童教育中慢速教学法的一种方式，正如卡丽-安妮·乔根森-维特索（Kari-Anne Jorgensen-Vitterso）所说：

> 我开始理解慢速教育法和佩恩的理念了，因为我也在从事户外教育。我认为这与我在读博期间的一些发现有关。这是感官层面的，多感官层面。它是地点的特性，以及行动、居住和与地方联系的可能性。不仅是空间，还有地理位置。如果我们把时间看成是按时间顺序排列的，那么这也和我们看待时间的方式有关。我认为，要想理解慢教学或是实践慢教学，我们就要和孩子多待在一起。仅仅靠做研究，是看不到本质的。

卡丽-安妮·乔根森-维特索

我很想知道研究参与者是如何与"慢速教学法"这一概念产生那个联系的。我邀请他们参与研究，是因为我在他们的行动中看到了"慢实践"的影子，无论是在对儿童教育的研究和实践中，还是对教师培训的过程中，都体现了这一点。但是，我不知道他们是否认可这个概念，他们会如何定义慢速教学法，也不知道哪些想法、理论或人物对他们的思维产生了影响。在卡丽-安妮的采访中，我们看到了她的户外教育经历与"地点慢速教学法"的紧密联系，并且对多种感官的强调。对于大多数研究参与者来说，慢教学是一个陌生的术语，但他们的教学方法从不同角度帮助我们了解了慢速教学法，并且认识了其价值。

这些讨论中出现了3个相互关联的主题："相处"、"偏离轨道"和"深度求索"。

"相处"

> 我认为这种"相处"是慢速教学法的本质。从时间上来说，"相处"并不总是慢悠悠的，它是持续、有强度、有活力并且会爆发的。它是找到和你一起工作的孩子们，和你一起工作的成年人，和你一起工作的材料的节奏，是我们如何与他人相处，与思想相处，而不是好像我们站在外面……对我来说，我想这是"相处"的概念。

> 西尔维娅·金德

西尔维娅·金德是加拿大温哥华卡皮拉诺大学的讲师和研究员。西尔维娅对慢速教学法的定义概括了体验式教学和关联式教学的概念，这两种教学模式强调教师、儿童要进入环境之中。这不是由教师主导知识，并且控制知识传播方式的传送式教学；也不是一种传播教学法。"相处"是要发现儿童的"节奏"，同时还要注意同事、材料、观点的"节奏"。在接下来的章节中，我们将了解如何实现这种协调。

接下来，西尔维娅在她的工作室对"相处"进行了具体描述，她的工作室是一个毗邻卡皮拉诺大学校园托儿服务的小房间：

> 和孩子们一起待在工作室的时候，我花了大量心思让孩子们学会共同思考，协同合作。但是这并不是人力可以做到的，只能通过时间来培养。

　　我并没有教孩子们怎么做，而是为他们创造彼此注意、共同学习、相互借鉴的空间。他们可以借鉴他人的创意，而不是狭隘地认为每个人都有自己的想法，这个想法是我的，这个形象是我的，这个主张是我的，一旦进入工作室，这些东西就是属于每个人的，我们都可以参与其中。培养共同思考的方式对我来说是最主要的工作，尽管还可能产生其他艺术形式，可能会有其他的想法，但这是一切的基础。没有它，我们什么都做不了。

西尔维娅·金德

　　西尔维娅的回答明确了一种时间概念。这种时间观关乎培养共同思考的能力，而这种能力的培养是需要时间的。西尔维娅将培养和合作这两个概念结合在一起。这与福禄贝尔将幼儿园概念化为一个成长的地方——儿童的花园直接相关。

　　塔米娜（Tahmina）与西尔维娅共同学习并撰写了她学生时期的经历，现在塔米娜已经成了西尔维娅的同事，她用慢速教学法的定义进一步解释了这些想法是如何联系在一起的：

　　　　我把慢速教学法和里纳尔迪（Rinaldi）的倾听教学和范梅南的体贴教学和机智教学联系起来。范梅南说自己是一位谨慎且机智的教育家。我也会将它与青木（Aoki）的逗留与栖身的概念以及A/r/tography的实践联系起来……只有真的慢下来了，才能做到停留某处，置身其中，密切关注，无需行动，只在倾听。作为教育工作者，有时候我们总是被迫做一些事情……似乎我们必须要有所产出。不要把自己当作生产机器，静下心来思考我自己的"存在方式"能做些什么？能带来什么？当我们放慢脚步，去倾听、去探索某件事物的时候，我们如何才能更加适应它呢？

塔米娜·沙曼

在塔米娜的回答中，有几个关于"相处"的重要线索。我将着重探讨"逗留"和"倾听"这两个概念，并在之后的章节中回归这些主题。西尔维娅和塔米娜都借鉴了泰德·青木（Ted Aoki）的经验。青木是一名教师，也是一位课程理论家。从加拿大开始，他的写作和口语课程在课程研究领域中产生了很大的影响。在青木的写作中，"逗留"的概念与倾听有着深刻的联系。他将"计划课程"的理念与理解"生活课程"的重要性结合在一起，即儿童和学生如何体验课程，以及课程是否与他们对世界的生活经验相联系。"青木让我去倾听"，这是拉贾巴利（Rajabali）对青木的评价。这种倾听方法将教学关系视为"人的整体性活动——头脑、心灵和生活方式，三者合而为一"。这种教学方法的目标是为我们在这个不完美的世界上接触的生命带来爱、快乐、美丽甚至笑声。

通过这项研究，我了解了青木的工作，在重新思考儿童教育的时间观念时，他的思维之恳切让我感到震惊。李（Lee）等人进行了阐释：

> 在许多方面，青木式的学术研究是一种慢学术研究，因为"若有所思的徘徊"需要时间。它拓宽了比活跃更活跃的存在。当生命重新获得沉思的能力时，它就获得了时间和空间。徘徊带给我们暂停和喘息的机会，使我们获得持续的体验，加之时间的积累，体验将成为智慧。

看到"存在"而不是"积极地存在"为我们提供了更加广阔的时间观，它让我们能更加怡然自得地接受停顿，而不是总想着快点去做下一件事。塔米娜和她的学生谢丽尔·卡梅伦一起思考了"学会逗留"的问题：

> 对我们来说，逗留意味着从常规和惯例中解脱出来，接受意想不到的事情，与问题和好奇心共处，从美学的角度看问题，并完全进入崭新的生活或生活课程之中。
>
> 金德等

从塔米娜的反思中我们还可以看到"相处"与"倾听性教学"之间的密切联系。卡利娜·里纳尔迪（Carlina Rinaldi）是意大利北部瑞吉欧艾米利亚（Reggio Emilia）①市市政儿童中心的前任主任，她在那里接替了洛里斯·马拉古齐（Loris Malaguzzi）的工作。里纳尔迪将儿童中心描述成成为一个"多角度倾听"的场所，在这里我们与孩子、同事、家长，以及周围的环境进行多样化的倾听与交流。这种开放经验、开放观点的做法是耗费时间的，强调了"不慌不忙"才是这些体验的本质，让我们回归了慢的概念。

这种思维方式吸引了我，在这样的儿童教育之中，我们有时间和孩子们的想法"共处"，有时间倾听意想不到的事物和紧急关切。凯特·考恩（Kate Cowan）表达了对慢速教学法的共同信念：

---

① 瑞吉欧艾米利亚是意大利北部的一个城市，又译作雷焦艾米利亚。二战后基于意大利教育家洛里斯·马拉古齐（Loris Malaguzzi）等人的理论，瑞吉欧艾米利亚地区的父母和教育者开始尝试一种专注于学前教育和小学教育的教育哲学和教学法，该方法以城市命名。瑞吉欧教育法的核心是假设儿童在早期发展中形成自己的个性，支持儿童从自己的兴趣出发，在关系驱动的环境中采用自我导向的体验式学习，基于尊重、责任和社区原则，通过探索、发现和游戏培养孩子在日常生活中使用象征性语言（例如绘画、雕刻、戏剧）表达自己的想法。瑞吉欧教育法在瑞吉欧艾米利亚地区不断发展，后传播至世界各地。——编者注

我认为慢速教学法把学习当成是和孩子一起做的事情，而不是需要孩子来做的事情。我们有时间来表达惊叹和茫然。这样一来，成年人的角色就被改变了。成年人应该提出探究的可能性以及提供工具来支持探索，而不是制定目标，然后让孩子们摸着石头过河。

凯特·考恩

我把对奥利维拉–福莫西奥的采访作为本节的结尾，她举了一个例子，说明了老师在课堂上与孩子们的问题"相处"和"停留"：

例如在课堂上中，当孩子们问道"赫利亚，这个婴儿是怎么生出来的？"时，老师赫利亚创造的倾听环境就十分重要了，因为另一个小男孩说"我也想知道"，又有一个说"好吧，但是我妈妈会不高兴的"。那么我们该怎么做呢？我们要问问家长是否愿意帮助我们学习这一话题吗？所有这些都需要时间。听问题或者记录问题，把问题读给孩子们听，让他们回答是，那是我问的，不是你问的。现在让我们给父母写一封信，看看他们是否能帮助我们……然后给父母写信，和孩子一起读书，他们的答案是帮助。这是一个真实的案例。她是一位母亲，同时又是个医生，她说作为一名医生，她正好可以帮得上忙。

朱莉娅·奥利维拉–福莫西奥

从这个例子中，我们可以看到对孩子们想法的尊重以及对时间的尊重，尊重孩子们的理解程度的时间以及把问题开放，向外界求助的时间。"相处"是需要时间的，正如朱莉娅之前所说的那样，这种方法与工作表式的快速教学形成了鲜明对比。接下来，允许找到不同的路径：

"偏离轨道"

慢速教学法承认"意料之外"的价值，正如彼得·莫斯所说：

> 在我看来，这些教学法认可并承认"不可预测"和"出乎意料"的价值，允许人们走向意想不到的方向，所以它们不为某个已知的目的地所驱动，而是被一种探索未知事物的开放性态度所驱动，而这种开放性态度追求类似于"惊喜"一样的东西。马拉古齐说："今天有什么让你感到惊喜的事情吗？"这也可能是一种教学法，它重视反思与对话，重视思考、交谈与讨论的时间，并且是不受限制的，不受制于地点，也不受制于时间。

彼得·莫斯

彼得·莫斯继续强调慢速教学法的开放性和探索性：

> 快教学就是你知道你必须要去什么地方，你知道那个地方是什么，也知道该什么时候到达，并且没有时间偏离轨道。相反，慢教学就是开放式的探索过程，寻找新地点，寻找新思想，寻找像"飞行线"这样的隐喻。慢教学就是要让人们说："我要看看它要把我们带向何方。""太有趣了，我要去理解它。""我们要更深入地研究这个问题。""我以前从未想过这种联系。"所以，慢教学应该让我们走向通畅，而

不是走向堵塞。它应该让我们真正有时间去做事情和思考事情。

德勒兹和瓜塔里所说的"飞行线"（Lines of flight）指的就是一些意想不到的事情打破了接下来发生的预期模式的时刻。奥尔森（Olsson）解释说："飞行线就像其他线之间的锯齿状裂缝——从德勒兹和瓜塔里的角度来看，只有这些线才能创造出新的东西。"**我喜欢让孩子们找到一条曲折的裂缝或轨道，让他们产生新的想法，建立新的联系。**

在慢速教学法中，"偏离轨道"就是提供了新的可能。这与人类学家蒂姆·英戈尔德（Tim Ingold）的徒步旅行概念相关：

> 在徒步旅行者的旅程中，没有目的地，只有在途中，他的道路总是在两者之间。相比之下，导航器的运动是点对点的，每一个点都是通过计算到达的，甚至在出发之前就预设了到达。
>
> 英戈尔德

在我们的讨论中，索尔维格·诺德特姆（Solveig Nordtømme）让我们注意到"两者之间"的价值：

> 我喜欢"两者之间"这个概念。我认为"两者之间"可以用来定义慢速教学法，因为这是一个小空间，用来琢磨，用来暂停，用来思考。两者之间是充满可能和纠缠的神奇空间。有些事情可能会在你毫无防备的时候出现。
>
> 所以这是技术学习工具方法的另一种选择，"如果你用

这个，你最终会得到这个"。这就是我对慢速教学法的看法——它不是一种特定的教学方式，但它是开放的，它有很多可能性。

旅行者不害怕意外，未知代表着可能性，而不是干扰。林恩·麦克奈尔（Lynn McNair）通过将孩子们描述为"旅行者"来扩展"旅行者"的概念。

这和英戈尔德的旅行方式类似，孩子可能有目的地，但他们可能会走不同的路到达目的地。或者他们可能没有目的地，因为他们一直前进，边走边学习。所以我们称考盖特家的孩子为"旅行者"……孩子们可以在他们的旅程中选择其他的道路，自己的道路。

林恩·麦克奈尔

因此，旅行者的概念包括承认和接受差异，而不是一致性。加拉赫（Gallacher）进一步解释了这一观点，他在批评儿童发展中的里程碑隐喻时采用了英戈尔德的旅行隐喻："旅行隐喻的一个关键优势是，它允许儿童在成长旅程中选择其他道路，并遵循他们本心的时间表。"

在上学路上，一群孩子像鳄鱼一样在路上行走，自由自在的进行探索：
一到门口，孩子们就要屈服于一个意图通过成人的强制纪律使其臣服于人的权力。鳄鱼式行走不再是一种开放式的探究实践，而是一种事先给出答案的测试。孩子的冒险天性

会在这种重复的测试中逐渐被消磨，不再勇敢做出自己的
选择。

英戈尔德

英戈尔德笔下，无特定路线步行上学的孩子和严格遵守学校纪律和路线的孩子形成了鲜明的对比，这给孩子们提出了一系列类似的问题。用英戈尔德的话来说，慢速教学法可能对喜欢旅行和好奇的"儿童侦探"有益，让他们有机会追随自己的兴趣和关注点。与此同时，这种没那么忙碌的方法可以让成年人停下来反思他们对什么感到好奇，他们从孩子们身上学到了什么。这与马拉古齐之前的问题相呼应："今天有没有让你感到惊喜的事情？"

给孩子们偏离轨道的时间也可以为他们改变方向创造空间。这引起了人们对成年人作为丹麦儿童顾问角色的关注，佩西拉·施华兹（Persille Schwartz）解释道：

> 我认为慢实践就是和孩子们一起，共同创造接下来的事情——你承担着孩子们安全的成人责任，但你支持他们的探索，把你的期望和先入为主的理解抛在脑后。

佩西拉·施华兹

佩妮莱举了一个丹麦幼儿园的例子来说明这种即兴教学是如何发展的。接下来，我将详细地阐述这一点：

> 在户外，我们经常站在山上钓鱼……但我们从洞里钓东西，在某个阶段，其他一些（孩子）想加入，但他们不想钓……所以我们离开了那里，来到了一个有栗子树的地方。

他们开始找栗子。其中一个孩子找不到栗子，很失落。他们拿着栗子开始探讨起来，说："哇，栗子！你知道吗，把栗子种到地里，它就可以开花，然后长成一颗栗子树。"孩子们看着她（她正在挖掘这里发生的事情），没有任何反应。老师看着男孩说："你的栗子怎么了？"男孩说："我的栗子坏了，但是我妈妈能把它修好，因为她会做针线活儿。"于是他们就开始讨论如何用橡皮筋把栗子修好。老师遵循了这条道路，而不是她最初的想法——"你可以把种子种在地里"。这就演变成了一场关于如何修复一颗碎栗子的对话/探索："从中会生发出某件细小的事物，然后呢？接下来怎么做？"继续沿着那条路往下走。给它时间去朝着那个方向发展，允许它在中途改变轨道，而不是设定一个终点。

佩西拉·施华兹

在这段叙述中，我们看到了这位老师的介入并抓住了这一时刻。她首先对社会和情感环境保持警觉——意识到哪个孩子不开心了。然后她开始谈论她对栗子的自然特性的了解，但孩子没有回应。接下来，她问了一个问题："你的栗子怎么了？"这就给了孩子一个舞台，让他按照自己的方向进行对话，让他了解母亲的缝纫技巧和修理能力。在这个叙述中，这位教师的专注是显而易见的。这不是放手，而是停留在当下，保持警觉，以便老师对下一步做出决断。在我看来，这似乎就是一种"即兴教学"，在与佩西拉的谈话中我第一次听说了这个短语。当时我们一起参与了一项丹麦研究："寻求儿童视角的专业人士。"使用马赛克方法作为起点：

　　　　教师选择方式，选择顺序，有时候他们会自己发明一些

教学方式，同时对研究的道德基础保持警觉。在孩子们的引

导下，这种即兴创作可以把研究带到计划之外和意料之外的

方向，与孩子们一起创作新的"舞蹈"。

克拉克

"深度求索"

在我关于慢速教学法的探讨中，第三个相关主题就是深度求索的可能性，儿童和成人一起"深潜"或"深挖"。这与斯蒂芬·鲍尔（Stephen Ball）警告的"无深度性"恰恰相反：

慢速教学法就是与快速教学、匆忙教学相反的教学方式，就是要花时间。在阅读和思考的过程中，不仅仅是时间的问题，它需要更多更深层次的东西。因此，定义慢速教学法首先要倾听和尊重每个孩子的学习和生活方式。然后，再和他们进行对话，参与到孩子们的生活中去。与他们共同探索，共同超越当下的视野，这就是团结。

马里·莫里

马里·莫里是一名日本儿童教师，她指出，教学关系并不是肤浅的和表面的，而是要积极寻求深度发展，对成人和儿童都是如此。你也会发现你的深度思考能力在儿童教育、学生教导、专业发展等方面得到了加强。

阿曼达·贝特曼（Amanda Bateman）基于她在威尔士和新西兰的幼儿教师教育和实践经验，以及她对对话分析的研究对慢速教学法进行了定义：

老师和孩子或孩子之间的互动，通过说话和手势，可以非常详细地探索和思考感兴趣的概念。它与横向的线性时间关系不大它不一定是一种持续的互动，它更多的是关于纵向的深度时间流的充分参与。

阿曼达·贝特曼

这引起了人们对儿童和成人使用不同交流模式的时间观的关注，并使他们完全沉浸在更关注互动深度的时刻，而不是接触的长度。对我来说，这强调了游戏的核心，即"全身心投入纵向时间流中"。从第3章讨论的蒂娜·布鲁斯的游戏特征中可以看出，这是一种完全的吸收。这些不是由线性时间控制的相互作用，而是一个更深的维度。

在我与凯特·考恩的讨论中，慢速教学法的多模态元素再次出现，她随后介绍了杰罗姆·布鲁纳（Jerome Bruner）的螺旋课程概念：

我在想教学要慢下来，学得更深入、更有意义。我想起了布鲁纳的螺旋课程（我想这是我在接受教师培训时想到的），即在不同的层次上重温某件事，每次你重温的时候，你的重温程度都会有所不同，而且会更深入。我认为，对我来说，这总是与从最广泛的意义上认识孩子的能力这个想法联系在一起。所以，认识到我们的学习迹象是在多种模式下实现的，这不是一个或另一个。孩子们需要时间在教育中得到认可和支持。

凯特·考恩

布鲁纳的螺旋课程概念有一个内在的时间维度，在这个概念中，我们有机会反复重温材料。在慢速教学法中，除了匆匆的一瞥，我们还需要时间让教育者能够有多次机会密切关注可能出现的新可能性。我们将在第7章关于慢速练习和教学文档中进一步讨论重访问题。比利亚那·弗雷德里克森（Biljana Fredriksen）指出了聚焦少数事项的时间表如何能够加强重点和深度，包括在教师教育方面：

> 专注于几件事，而不是从一个跳到另一个，这已经成为课程计划的常态。我认为更重要的是专注于几件事情，深入研究，了解什么是深度学习，希望有可能把对深度学习的理解转移到其他学科。所以"慢"的意思是你不会从一件事跳到另一件事，你不会匆忙，但你更专注于当下，你有更多的空间来更专注于你正在学习的东西，也更专注于你的感受。
>
> 比利亚那·弗雷德里克森

比利亚那强调，根据她的经验，每个教育部门都缺乏专注时间。许多短期、"紧急"的任务分散了注意力，削弱了探索细节的能力。她强调，在儿童时期，学生应该学着自己当老师，亲身体验深入探索某个主题的感觉。这不是抽象的，而是作为一个同步的活动，一个实时的课程。与感觉和感官相关的第一手经验和具身性经验的重要性让我们回到了佩恩和瓦特乔在本章开头所说的"地点慢速教学法"。

在与玛拉·克雷切夫斯基的又一次谈话中，她再次强调了深入学习的重要性。在这段摘录中，玛拉讨论了从研究中心、哈佛大学零项目和瑞吉欧幼儿园之间的长期研究合作中的收获。

> 艾莉森：我在回想你之前说的话……以及如何使用它的重要性，而不仅仅是我听说过的"不仅仅是墙纸"。它的存

在是为了它所产生的东西，就像聚会一样。

　　玛拉：是的，这是我在与瑞吉欧教育者合作时花了很长时间才理解的。教学档案不仅仅是为了让学习变得可见，而且让学习变得可见本身并不是目的。我的同事可能不同意我的观点。这在某种程度上是有道理的，但我认为，我们花了10年时间才想出最后一个短语的部分定义是"让学习可视化，是为了深入学习"。你有一些你感兴趣的东西，可以指导你的文档，因为除此之外，还有很多东西可以记录下来并使其可视化。如何知道什么是最重要的？我认为这与你的目的有关，你想要支持谁的学习？你想要谁的学习更深入？

玛拉·克雷切夫斯基

　　玛拉在这里强调了通过教学档案使学习可视化的重要性，以强调深入学习的主要目的。

　　最后，我想让我们与孩子共同思考问题：

　　我认为，想要深入学习，老师们需要从孩子身上学习，因为孩子们在快速前进之前，通常需要一段时间去自主探索、去感受。

　　所以，我们要做相反的事。不是老师教孩子学会慢下来，而是反过来。老师必须适应孩子们原本的成长速度，真正享受沙滩嬉戏，摆弄红叶，并试着融入其中。所以，无论是老师还是学生，**慢下来，个体才能感受到自己此刻真正的热爱**。

比利亚那·弗雷德里克森

因此，我们已经开始探索慢速教学法的多方面概念，以及3个新主题："相处"、"偏离轨道"和"深度求索"。以下是对慢速教学法的特征的总结，详细内容将在之后的章节展开：

- 慢教学与"相处"有关——关注孩子、成人和材料的节奏

- 慢教学中可以快节奏，也可以慢节奏

- 慢教学为倾听和合作腾出了时间

- 慢教学重视集体，同样重视个体

- 慢教学重视游戏和当下

- 慢教学需要很长时间才能培养

- 慢教学重视难以衡量的东西

- 慢教学旨在促进深度求索以及加强个体间的关系

这将我们引向本章的最后一部分：如果在与学生一起工作时采用慢速教学法，那么什么样的知识才是有价值的？教与学的过程与知识的形式之间有着密切的关系，这种工作方式使知识的形式变得可见和有价值，或者被忽视。

慢知识

在这场有关教育快与慢的辩论核心，我挑战了一种论断，即认为知识是一个个事实点，是普遍适用的，易于总结和传递。慢速教学法与另一种知识观一致，即知识的复杂性和联系性是有价值的，为意外的发现和本地的知识留出充足的时间是极为重要的。

我们可以从本章讨论的慢速教学法的特点，与表面化且被赋予地位的

知识形式之间的联系中看到这一点。例如，在慢速教学法中，孩子习得技能和培养兴趣是需要花时间的，并且还要不断地倾听他人的意见，密切关注细节。同样，教育工作者可能会逐渐积累对自己角色的理解，德博拉·哈考特（Deborah Harcourt）说：

> 我想说，慢知识是建立在时间之上的。相比之下，如果仅仅停留在表面，我可以建立一个非常肤浅的知识体系，我可以知道很多东西。但我想建议教育工作者们"深入挖掘"，这样我们就不是在延展广度，而是在增加深度。所以，给自己一点"挖掘"的时间。比如："作为教师，我怎么理解要做什么，该怎么做？"这就是我所说的慢知识，就是忘记广度，把要探究的主题范围缩小，增加深度。

德博拉·哈考特

在这项研究中，我组织了一个虚拟阅读小组，来思考儿童时期的时间观与慢速工作方式之间的关系。我们首先讨论了环保主义者戴维·奥尔（David Orr）关于慢知识的一篇文章。他在快知识和慢知识之间建立了二元对立。虽然我意识到定义二进制可能会过于简单化，但我发现奥尔描述的区别有助于思考以"慢"为核心的认识论。下面的叙述摘自奥尔对快知识和慢知识的描述。

- 快知识处理离散事物；慢知识处理语境、模式和联系……
- 快知识大多是线性的；慢知识是复杂的和生态的……
- 快知识的特点是强大、不稳定；慢知识的特点是优雅、复杂和弹性而闻名……
- 快知识往往是抽象的和理论的，只涉及大脑的一部分；慢知识调动了我们所有的感官和所有的精神力量。

- 快知识总是新的；慢知识往往与过去的知识相连。

根据奥尔的定义，慢知识和语境有关，因此在当地被赋予了一定的地位，它能够察觉出观点、所建立的共享对话和事件之间的模式和关系。这些模式可能会持续几天、几周或几年，因为教育工作者会密切关注孩子们的所想、过往和发现，可能还会关注他们的同龄人、兄弟姐妹和家庭。慢知识不一定遵循一条直线，而且不具备可测量性和可复制性。这种知识具有持久性，或者用奥尔的话说，具有"弹性"。慢知识可能会"老"。这表明，一个重视慢知识的学习型社区包容传统思想。虽然有时会出现新的观点，但没有必要"永远是新的"。慢知识对旧知识的融入也持开放态度。在接下来的章节中，我将讲述一些关于如何在儿童教育中进行慢知识的实践。儿童和成人可能会在多样地讲述生活经验时传递出慢知识，并在这一过程中挑战那些被视为理所当然或被隐藏的存在。

总结

本章开始明确阐述了慢速教学法的潜在要素。这些定义是从对话中构建出来的，是一个持续的过程，因为越来越多的教育工作者已经明晰了他们在儿童教育中的时间观念，并且描述了慢实践。

在接下来的6章中，我们将探讨儿童教育中的慢实践。让我们对慢速教学法进行更细致的思考：慢速教学法是什么样的？哪种形式的知识可以被创造出来并让人们看到？什么样的环境能支持这些随时间变化的关系？慢速教学法中，我们能进一步了解教育者的角色吗？慢速教学法可能会带来哪些政治和实际问题？第二部分的开头便会讲到这些问题。

问题

1. 慢速教学法的关键要素是什么？

2. 儿童有哪些机会"偏离轨道"，顺从他们自己的想法和兴趣？

3. 如果把孩子当作"旅行者"，教育者的关键属性是什么？

时间是一个复杂的话题。一旦你开始思考时间是什么，以及我们与时间的关系，那么原本简单明了、理所当然的概念就会变得复杂。思考如何理解时间会令人不悦，尤其是对于时间观念严格的教育机构来说。在过去的章节里，我列举了儿童教育和其他领域的案例，帮助人们看待当下发生的事情，并明确提出可能的替代方案。

第二部分探讨了儿童教育中的时间关系。我探索哪些是慢实践，以及是在什么情况下发生的。由此，我们可以更详细地了解慢速教学法的内容，以及在教学实践和教学研究中如何构建慢速教学法。

第5章首先探讨了户外和室内的慢实践，随后第6章重点探讨了在工作室这一特定环境中和各种物质材料相处的慢实践。第7章基于时间视角，详细探讨了教学档案的制作过程。第8章探讨了日常生活中的慢实践，第9章探讨了故事中的慢实践，第10章探讨了在慢实践中聆听，从而结束了第二部分。在这些章节中，我们还讨论了在儿童教育中慢实践的例子。但它们并不是一个有详细步骤的指导方案，而是为了启发反思。

慢速教学法和慢实践

假如放慢教学速度会发生什么

 场所中的慢实践

简介

为什么在户外教学会产生新的时间关系呢？

我的挪威同事卡丽-安妮·乔根森-维特索给予了我慢速教学法的启发。卡丽-安妮是一名儿童教育工作者兼研究人员，她撰写了大量有关儿童同自然环境长期相处的文章。卡丽邀请我参加她与国际儿童教育硕士研究生举办的一次教学活动，去参观挪威东南部奥斯陆峡湾边森林海岸地区的一所森林幼儿园。这些学生在森林中观察小孩们玩的游戏，之后选取一些自然材料做活动。早上，我依稀记得，孩子们三五成群地在森林中玩耍，两个成年人坐在附近的地上。孩子们搬着木头，布置自己的小窝，大家边聊天边工作，气氛轻松融洽。我还依稀记得和这些研究生们一起搭建绳梯的那个下午。我一边听卡丽-安妮与学生讨论一天所学到的知识，一边拿着块烧焦的木头在潮湿的岩石上作画。我的身体与大自然接触、交流，这便是我那天的记忆。

我与卡丽-安妮交谈时问道："如果我在室内学习那些本应在室外学

到的东西，教学的效果会是怎样？"从某种意义上说，在室外学习是一种感觉，是一种体验。我们不能简单地衡量室外与室内的空间差异，以及所处环境的差异。这个问题的核心是将室外引入室内，不是字面上的引入，而是基于教学法的角度引入，尤其是引入其中所包含的态度和价值观。

本章首先将详细探讨在户外如何与儿童一起进行慢实践，然后思考如何将其带入室内，并思考教室的时空联系。最后，本章以完全拆除围墙结束。

首先，我们要穿过一片森林，前往海狸坝（Beaver Dam）。

地点影响时间观念

我在第4章讨论了"地点慢速教学法"。我讲述了环境教育的背景，以及人们担忧"带走"式教学法，教育的可持续发展。"地点慢速教学法"就是基于这样的背景下发展起来的。我主要基于访谈案例，来探讨儿童与户外空间所建立的缓慢、长期的关系的影响。第一个例子是关于卡琳·安德鲁斯·贾沙帕拉（Karin Andrews Jashapara）的反思，她在一所受斯坦纳影响的学校里教授森林学校的课程，授课对象是6岁的儿童。

海狸坝

在森林里有一个地方，有个小组将其称为海狸坝。我们两侧有两条河流，一条河流的流量很大，另一条就比小溪大一点。孩子们只被允许靠近那条小河。小河里有很多木头块，孩子们在海狸坝时，喜欢扔木块进去，也会从河里捞出些木块，也会搞乱这些木块。水承载着木头块，所以孩子们用他们找到的长杆来戳动它们。孩子们在这条小河自由玩耍的过程中进行"自我导向学习"。他们高兴地望着大坝，看它形状千变万化，听它此起彼伏的声音。他们发出一声声喊叫，"我们造了一个漩涡！"。一周后他们又跑来喊道："它变成瀑布了，来听听声音吧！"

去年他们在教室里听了一个关于海狸的故事，他们很是喜欢。这就是他们开始的想法，即想救助海狸，不管故事是真实的还是虚构的。

小溪河岸边上有一处凸起的高地，上面有许多树木和藤蔓，由此形成了一个洞穴。他们通过团队合作，爬进这个洞穴，又在河边上兴奋地跑来跑去。他们还会时不时地找来一根巨大的木头。他们能熟练地利用大圆木、散落的树枝，并能安全地搬运这些东西，同时了解一些栖息地的状态。除非我提前做功课，否则都不知道这些知识，尤其在潮湿的木头里寻找节肢动物的时候。而他们会通过移动木材来创造出新的栖息地。

卡琳·安德鲁斯·贾沙帕拉

在这个案例中孩子们将想象和物质世界联系起来。在这个过程中，孩子们对物质世界已有所了解，并在此发展自己。卡琳表示，孩子们在她的指导下，实践技能得以发展，信心也得以增长，身体素质和社交技能都得到了培养。卡琳继续说：

他们进行了角色扮演。例如，我看到一个安静的男孩，他十分羞涩，像哨兵一样站着，向路过他的人索要"过路费"。这里有一座临时搭建的木桥，这座桥结实，但有点摇摇晃晃，其他人都不从这里走，但学生们在试着过这座桥。过桥考验人的平衡能力，必要的话，可以用一根棍子来保持身体平衡。大多数人都以独自过桥为豪，用术语来说，这是一种"风险承受能力"。一个成年人在附近。有一个小男孩想象丰富，但有点胆怯，他正鼓足勇气穿过这座桥。我问："你确定你能穿过这座桥吗？"一般来说，我对他们过河的事情极其谨慎，但我知道这次不会太冒险，反而是一个很好的挑战。他马上回答说："如果我不尝试，我将一事无成。"我认为，这件事让他们更加勇敢和独立，对风险的理解也愈加深刻，以及知道如何建立自己的信心。

卡琳·安德鲁斯·贾沙帕拉

我问研究参与者，在自己过往的经历中，是否和孩子进行过慢实践。一些人提到了与户外场所的关系。凯特·考恩回忆她的教学经历时说：

就实践而言，我做事很慢，但是效果往往很好……当我教书的时候，我收获颇多。我们与一个名为剑桥好奇与想象的组织合作，成员是来自剑桥的艺术家。他们从瑞吉欧教育体系中汲取灵感。我们与他们一起做了一个名为"我们的足迹"的项目。因此，我们去了当地的林地，待了8周。每周我们都会带着所有孩子，在那里待上一整个上午……我们倾听孩子们的心声，了解他们的兴趣，所以刚开始的时候进展真的很慢。我们花费了大量时间倾听、观察，然后讨论、思考。在那几周里，我发现了孩子们身上的闪光点。最终，我们写了一本书，记录他们在树林里讲的儿童故事。

凯特·考恩

教育者的品质深深触动了我，他们一遍一遍地"倾听、观察、讨论、反思、记录"。沃勒也提到了儿童长期处于熟悉环境及玩想象力游戏的好处。通过倾听，我们对孩子们所喜欢和所着迷的事物有了更深的认识。凯特继续说道：

> 这就是我对儿童活动感兴趣的地方，因为有一位老师说："那些孩子只是在跑，其他的孩子在做有结果的事情。而他们只是在跑来跑去，我们需要把他们带回来。"我一直在想，我们是不是忽视或轻视了运动的价值？孩子们十分投入，他们专注于奔跑、迂回、迷路，也会玩一些小游戏。我们也花了心思了解孩子们的状态。我们给孩子们摄像机，让他们在跑步时随身携带，让他们绘制地图，告诉我们他们所去过的地方。我们尊重他们，并重视他们的需求。我们时刻观察、耐心聆听，按照自己的节奏解决具有挑战性的问题。这是一个非常有趣且有意义的研究方向，也是我一直坚持的事情。"

凯特·考恩

以上的讲述让我想起了凯特在第4章中讨论的慢速教学法："我认为这是把学习看作你和孩子一起做的事情，而不是仅你让孩子做的事情，这需要花时间去思考，去探索未知。"在这里，学习是和孩子们一起进行的事情，倾听是关键，即使过程中出现不确定因素或新的问题也极为正常。

全时时间

我继续探索户外环境，好奇户外的慢实践是如何让时间"充实"的，户外环境的时间观更为开放。阿曼达·贝特曼在采访中提到了简·沃特斯的研究，该研究谈到了儿童和教育工作者在户外空间的时间可供性：

> 户外空间似乎令语境更为丰富，并且节奏适中。简的确注意到，在户外，孩子们会比在室内更积极地提问和互动。与此同时，我也对老师的反应感兴趣，因为他们似乎有了更多的时间。他们的反应似乎更平静，并且会更充分探索孩子们感兴趣的任何东西。我不太清楚这是为什么。我想也许是环境的变化，也许……但我想知道是不是因为你觉得这就是工作，你不需要为自己在外面散步而辩解。
>
> 你不需要思考"我现在带着一个孩子在做什么？"。你在户外散步，孩子走过来问你，然后可以和孩子们聊天。
>
> 阿曼达·贝特曼

塔米娜·沙扬（Tahmina Shayan）简明扼要地总结了她所在的幼儿园的时间观：

> 该幼儿园以自然为中心，我们一天中的大部分时间都在户外。我们在外面没有时钟，所以以一个更慢的速度进行教学，因为我们面对的不是时钟，而是孩子。

在采访中，我很明显地感觉到，在户外空间容易释放内在压力，这也影响着时间观念。这一点在焦点小组中得到了教育工作者的赞同：

> 我觉得对我来说，我和孩子们待在户外时，相处得十分自然。然而，在室内时，我可能受到铃声影响，也可能受到既定的时间安排，我觉得自己像是在扮演一个特定角色。但当我走出教室时，这个角色又会发生改变。在那里，我只是和孩子在一起。我们每周去一次森林，有规律地去一个地方。我们收拾好行李，准备好当天需要用到的东西。在那里，不会有体系化的约束，也不会有铃声的打扰。我们有食物，有生活必需品，我们只需要做出回应就好。因此，我认为在室外的学习效果要比在教室自然得多。
>
> 格蕾丝·海恩斯，焦点小组

从格蕾丝的讲述中，我深刻感受到了她的角色转变。从在教室里给孩子们上课，到每周一次的森林旅行，她能够以不同的方式与不同的孩子相处：

> 我一直在户外工作，我们一年到头都在户外。孩子们是属于这个环境的。当孩子们来到这里时，他们会表现得十分自信，看起来好像在说"我属于这里，我可以在室外做我想做的事情"。这十分有趣，因为我们有一个小的室内场所，孩子们会在这里吃晚饭和小憩。但是，孩子们在出去之前，还会有一个室内空间。我们认为，他们还是要在室内做些事情的，例如绘画、拼图，以及其他的室内活动。然而，在户外，我们布置了梯子和秋千，孩子们也可以爬树，在这里，

他们可以做任何想做的事情，也可以自由玩耍。

凯蒂·麦克拉肯，焦点小组

以上讲述引发了人们对儿童户外活动时空关系的思考，在户外环境中孩子们不需要刻意表现自己，没有人要求他们"跑得更快"。而在室内学习空间，情况往往与之相反。

活动空间，关系与慢实践

本章的目的是研究时间如何影响教学实践、内外部关系、课程设计，这些都影响着儿童和教育工作者在学校的日常。这让我想起了之前参与的一项研究，该研究是关于玛丽·梅德（Mary Medd）和大卫·梅德（David Medd）设计的3所小学的实践活动。那时，英国在进行二战后学校设计，在这一时期，建筑设计与教育理念紧密结合，同时关注空间的宜居性。[1]

在案例研究中，我们去了一所幼儿园（招收4至7岁的儿童）。我非常幸运遇到了朱迪（Judy），她是一名福利助理。这对我们"福利室"微观研究十分有益，朱迪在学校工作30多年了，在"福利室"待了16年。我们研究福利助理的工作内容，分析实践物品和活动本身的意义，总结了两种不同但相关的观点：一种关于舒适、关怀，一种关于其自身设计。

房间里有一张床、一条毯子、小熊维尼枕套和一把椅子。朱迪介绍孩

---

[1]　20世纪初，英国社会福利和教育改革不断加强，花园城市运动和实验性露天学校运动相继诞生。这是一个充满乐观和实验精神的时期，也是物资有限、配给制和劳动力短缺的紧缩时期。在这种背景下，大卫·梅德和玛丽·梅德致力于建筑设计与教育的交集。城市建设的速度之快为梅德夫妇创作一系列被称为"人性化功能主义"（humane functionalism）的作品提供了条件，这些作品极大地影响了后来英国教育设计的思想。——编者注

子们是如何选到一个可爱的玩具和热水瓶的。当然，椅子也很重要：

孩子们可能会坐在椅子上擦拭擦伤的膝盖。但在校园中，椅子代表了他们与成年人之间的一种特殊关系："孩子们可以坐在椅子上聊天。"椅子代表了一个聊天的地方。在这里，孩子可以不急不躁地聊天，也能坐下来倾听。房间是能够给予情感支撑，察觉身体疾病的：

孩子如果生病了，他便会来到这个房间里。校长可能会问"你认为她该回家吗？"。孩子如果家里出了事情或肚子疼，老师可能会把他带进屋里。如果他们认为自己需要一些关心和爱护，他们会告诉你。

在重读这段文字时，我感兴趣的是，椅子是如何营造一个让孩子可以从容地聊天或有时间坐下来耐心倾听的环境的。倾听和关爱的慢实践与"非教室"的家具和房间设计紧密相关。福利室还负责编写教材：

这是一个创作的地方，也是一个学习的地方。日常工作就是在这样的环境中完成的，这里会更加关注细节。"你有你的工作要做，但是你也有更多的时间，你可以在这做任何事情。"

克拉克

其中一个工作是筹备儿童作品展。朱迪会鼓励福利室里的一些孩子帮忙准备材料，还会鼓励他们发挥创造性。朱迪拉近与孩子的关系，似乎拉长了时间长度。她带着孩子进行手工制作，充分地关心孩子。福利室是一个边缘空间，游离在学校之外，以一种特殊的方式留住当下。

接下来，我将关注教室的时间练习，而不是"中间"空间的时间练习。

爱玛·戴尔是我的研究参与者之一，该例子就是基于她的设计干预，在教室中引入新的设计，来观察是否有助于培养不同的时间感。爱玛的博士研究将建筑和教育结合了起来。她的研究基于一所英国小学，调查了阅读初学者的阅读场所。基于研究情况，爱玛创造了一个儿童体型大小、半封闭式的"阅读角"。在完成博士研究后，爱玛在格兰小学一年级的两个教室之中进行了"阅读角"的实践，这里的孩子大多5至6岁。教学方法和课堂风气对于孩子们对新内容的接受影响深远。在第一个教室：

> 时间观念十分严格。有一种"我们现在必须阅读，我们现在必须写作"的感觉，这种观念贯穿始终，所以孩子们十分忙碌。因此，老师只允许孩子们做导读的时候进入"阅读角"，所以会有一个6人小组进入"阅读角"，然后在里面独立阅读。所以，就慢速教学法而言，班上的其他人都在做任务，这一组孩子能够真正探索书籍。他们享受于此……事实上，孩子们也觉得很有趣。他们能阅读不同的书本，但并不是在桌子前阅读。该设计的一个特点就是空间够大，孩子们可以躺下或趴在地板上。这个空间十分与众不同，当孩子们在这个空间专注做活动时，画面趣味十足。但有时老师会认为这一切太混乱了，孩子们完全意识不到自己是在课堂上。
>
> 爱玛·戴尔

从这个例子中可以感受到，第一个教室里的"阅读角"是如何受课堂气氛影响的。该设计在一定程度上破坏了孩子们的时间观念。然而，有趣的是，孩子们扮演"时间管理者"的角色，掌握计时器大权，以监督同学们进入"阅读角"的时长。

在另一个教室，同样是面对5至6岁的儿童受众，一样的"阅读角"也会带来不同的影响。

> 她是我见过的最棒的老师，她有一个难带的班级，班里有30多个孩子，但这并不是一个大教室。她十分钟情于"阅读角"，但没有事先告诉孩子们。她只是告诉孩子们，"它"已经到了，她也不知道"它"是什么，也不知道如何使用。她邀请所有人去猜，去画，并一起装饰了"它"。她将"阅读角"融入课堂的方方面面，而且孩子们真的将"阅读角"运用了起来。在"阅读角"里，孩子们会唱歌，说话的方式也不同，所以他们不怎么读书，而是唱歌。这里能够充分发挥想象力，与教室外相比，时间和空间感截然不同。
>
> 所以，我的意思是，他们都做到了，但那一次就像是时光机……"阅读角"与众不同，这很大程度上归功于老师，归功于老师对空间松弛度的把握，给予学生自由。当你在教室中观察时，你会看到老师让学生掌控空间权。因此，我认为"放慢"并不是意味着什么都不做，而是改变时间、空间，这非常有趣，也非常独特。
>
> 爱玛·戴尔

那么这个例子和慢实践有什么关系呢？爱玛将两个教室的"阅读角"都称为"时光机"，因为它们都发挥了作用。在第一个教室，教师苦恼于

"阅读角"，这提醒我们新机制的加入会"扰乱"教室的时空关系，这极具挑战性。引入新机制不一定会改变学习空间中的时间观，但是空间设计的改变会影响教学理念、以及与时间相关的教学模式。在第二个教室，参与式教学法鼓励孩子发挥主动性，勇于探索，为创造新的时间观带来了更多的可能性。这和韦恩（Wein）的观察一致：

> 很奇怪的是，在一个组织中，避免时间发挥主导作用的唯一方式是将注意力转移到空间中去，改变环境，观察孩子们的反应，并在这个过程中"让时间随性流逝"（let time go）。

韦恩、柯比·史密斯

没有围墙的学校

慢实践和慢空间模糊了室内和室外的边界。"没有围墙的学校"项目开始于2010年，十分重视艺术教育。该项目对课程进行了详细剖析，打破了传统的学科主导型教育，鼓励所有孩子参与到当地剧院为期5周的演出，以及一些周期更短的小型演出中去。格雷姆（Graeme）作为该项目的教育工作者之一，将这种教学方法称为"一种积极主动、亲身实践、沉浸式的动态学习方式"。

因此，在这个例子中，没有围墙的学校建立了新的时间观。首先，孩子们待在剧院，学校课程将会暂时中断，这就有机会让孩子建立与学习的新的时间关系和学习节奏。其次，孩子们很大程度会沉浸在创造性活动之中，正如格雷姆所说，这些活动影响着孩子的体验节奏，觉得"时间过得飞快"。学校位于巴斯（Bath），这是一个适合无墙学校生存和发展的城市，城市本身被视为开放的资源，学校可以通过多样的方式与其相连。

彭妮·哈伊解释了以上所基于的原则，即认为一旦孩子被看作艺术家、创意探索家，他们便会去追寻兴趣，积极性和主动性就会爆发出来。

值得思考的是，这些原则中哪些体现了全时时间性和非碎片化的时间：

没有围墙的学校的创意宣言

1. 自由追寻自己的兴趣爱好

2. 自己提出问题并深度求索

3. 相信自己的想法，保护自己的兴趣和梦想

4. 独立地表达自己

5. 独立、自信地工作

6. 为冒险创造安全空间

7. 不惧失败，勇于尝试

8. 接受未知

9. 友善

10. 每个想法都很重要

11. 以自己的方式完成某件事

12. 创新

13. 尝试以不同的方式做事

14. 尊重每个人独特的做事方式

15. 跳出来思考问题

16. 让身体参与学习，充分运用你的感官

17. 创造时空去探索、学习

18. 做出真实的生活选择

19. 享受、勇敢尝试、积极参与，做到最好

20. 感受与城市和社区的联系

讨论

把握当下：室外和室内

值得注意的是，许多研究参与人员在室外时会逐渐关注到慢实践。之前提到的一些地方是自然未开垦的状态，例如卡琳·安德鲁斯·贾沙帕拉提到的森林。其他的地方便是铺有柏油路面的传统学校操场。有一个很重要的问题需要考虑：如何在这些空间开展游戏？

从时间层面审视户外环境，随着时间发展，自然环境中的教学实践是如何打破时钟限制和时间表的束缚的。

在这些地方，可以落实库法罗提出的"非碎片化时间"教学法。也许我们在上述例子中看到的是，孩子们利用非碎片化时间，在重复中习得知识。然而，这不能孤立地看待儿童和成人之间的关系和互动。

打破时间表的束缚

人们关注到室外空间的慢实践，关注到要和时间建立一种深层、非碎片化的关系，这对孩子在幼儿园的室内时光有什么影响吗？爱玛的"阅读角"案例提出了这样一个问题：改变教室的既定元素会如何破坏与时间的关系？在教室中介入一个新空间，可以对既定的模式产生影响，并且可以进行不同的实践，在这种情况下还会影响孩子的阅读状态。然而，设计干预的影响是取决于教师对教学法的理解，以及教育工作者对教学法是否有

价值的判断。

爱玛视"阅读角"为一个"时光机"，孩子们得以用全新的方式感受时光，不同于线型、时钟驱动型时间观念。本章的一些内容表明，对于孩子和教育工作者来说，熟悉的户外自然环境也算是一个"时光机"，他们能够建立新的时间观。

另外一种打破时间表束缚的方法便是同机制化、计划型稍弱的组织合作，正如我们在无墙中学例子中看到的那样。麦克雷等人指出了儿童以及家庭在博物馆长期参观学习的可能性：

> 在参观博物馆过程之中感受其时间特征，博物馆存在未知性，但看到熟悉的领域，会感到期待欣喜，以及会在博物馆参观过程中流连忘返。
>
> 麦克雷等

在户外实践的例子中，我们可以看到，孩子们流连忘返于熟悉的环境，同时也能从意想不到的事情中获得额外的快乐。麦克雷（MacRae）、哈克特（Hackett）和霍姆斯（Holmes）指出了熟悉环境与陌生环境切换的重要性，以及这两种体验对儿童的重要性：

> 陌生环境与熟悉环境交替，会让孩子和地方产生一种新的联系。博物馆内（外）的环境既让孩子感觉安全，但也会让孩子感觉陌生。熟悉的地方和物品会让人有明显的预判感，而陌生的地点和奇怪的事物则有可能带来惊奇、冒险、探索感。此刻孩子便是在已知与未知之间进行的徘徊。
>
> 麦克雷等

总结

　　本章介绍了许多在不同环境中进行慢实践的例子，由此探索了在这些环境中是什么因素使得时间流逝得不那么快。我们重复去熟知的户外环境、剧院或博物馆，感受专注于此时此地的心流状态。这种感觉可能不易察觉，但是孩子们会感受到自己生命的价值。

　　接下来，我们将讨论工作室的特定环境如何为打破时间束缚带来更多的机会。

问题

1. 孩子们接触熟知的户外环境有什么好处？

2. 虽置身户外，孩子们却能全身心地投入学习，为什么？

3. 在儿童教育中，哪些活动可以充当"时间机"，由此能帮助孩子以全新的方式体验时间的奥秘？

慢实践与材料

简介

这一章讨论了物质材料如何以不同方式"承载"时间。本章进行了简单探索，将艺术视为一种认知方式，并思考其在儿童教育中的时间概念。基于第5章讲述的空间中的慢实践，我们作为慢知识的创作者参观工作室。工作室是一个专注的地方，强调物质材料、空间和儿童之间的关系，能够给成人和儿童打开新的时间维度。工作室是一个能够思考、倾听和放松的地方。如果以这种方式进行知识建构或共同建构，那么儿童教育工作者和师资教育的作用是怎样的呢？

我以学者和视觉艺术家的身份探讨本章。我自己的认知方式是在教学、写作、儿童研究、创作实践中培养起来的。我在自己的艺术实践中会使用一系列材料，例如墨水、蜡笔、木炭、颜料以及大自然本身。我艺术创作中的一个特质就是时间概念比较特殊，例如进行缓慢的缝纫练习。作为一名创作者，我的"人格教育学"给予了启发，因此我决定在这一章放入更多同参与者的访谈对话。这也说明交流是本项研究的核心。我的目的不是提取信息，而是运用所探索的教学方法，从而构建起对慢速教学法和慢知识过程的理解。以上学者都有着艺术教育背景，其中比利亚那·弗雷德里克森描述道：

> 当你和艺术相处时，我觉得"慢速教学法"就已经在贯穿之中了。因为你需要参与创作过程，需要做出选择，而这是需要花费时间的。
>
> 比利亚那·弗雷德里克森

我们从一个黏土球开始。

黏土：新的时间观念

用物质材料进行慢实践时，参与者能和黏土进行交流对话。西尔维娅·金德是工作室的一名讲师和研究员，以下是她对"黏土时间"的讲述：

> 我的学生们在接触黏土前，都认为我有点奇怪。思考"黏土时间"是什么意思？黏土的形成时间漫长，是历经数百年从缓慢流淌的河流中形成的。那研究黏土意味着什么呢？
>
> 如果你正在研究树木呢？什么是"树时间"？"树时间"十分不同，十分漫长……所以我们参与到正在研究的事情的时间之中。你便可以令时间放慢……所以我们会把黏土带到河边，并在那开始工作。由此，我们能看到黏土回到它来自

的地方，并慢慢融化，再次找回它的路径，你便开始参与其中。这就是为什么我喜欢蒂姆·英戈尔德的作品，尤其是他写的与通信及材料相关的内容。我想对我而言，这是一个非常重要的方面，无论你是和儿童一起工作，还是和成年学生或教育工作者一起工作，重点不是使用一种材料或形成一些想法，而是我们思考如何参与其中，与之同行，与之对应，这对我们如何创造空间有着巨大的影响。

西尔维娅·金德

"与材料相处"的思考引入了后人类主义的理论观点，认为环境和材料起着积极的作用，这也可以理解为一种内部作用教学法：

内部作用是指"不同部分之间"发生的事情。"中间"的概念对于重新界定中介概念极其重要。"中间"概念不是简单的"A对B起作用"，而是更为复杂的关联作用，从中产生了新的东西。

莫斯

卡里·卡尔森是一位艺术家和儿童教育家，多年来一直致力于瑞吉欧学前教育的理念研究和实践。在同他的讨论记录中，我们继续讨论黏土：

艾莉森：你知道什么材料能够"承载"时间，并且有多种变化方式吗？能举一个例子吗？

卡里：我知道黏土可以被无限探索，是因为你能够从土壤中获取黏土。你也可以找到泥土中或多或少的黏土，之后把它挖出来，它或多或少地保留着周围的泥土，当然也可以是沙子、小块的泥土和树叶等。它可以有不同的特质。当把它挖出来时，你可以给孩子们时间去探索这些不同的特质。孩子们可以学习和探索黏土的不同阶段。当然，这取决于孩子们的年龄，最小的孩子会把黏土切成小块。探索黏土的方法有很多种，在黏土中加入沙子会怎样？如果我们把黏土和室外的树干放在一起，黏土会发生什么变化？如果我们把黏土拿到室内，或者雨天或晴天时放在室外，黏土又会发生什么？黏土能够用水稀释吗？能够作画吗？黏土是有许多种变化方式的，在不同环境下进行干燥处理的过程和烧制过程。一开始是一种深灰色延展性物质，后来成为一种干燥的有裂痕的物质。那如果把黏土放入火中呢？许多挪威幼儿园中都有一个火盆，可以在安全的前提下生火，那么把黏土放入火盆之中并观察其变化。当黏土在火中燃烧到500℃或者600℃之时，孩子们就能看到黏土燃烧时那红色的火焰了。火焰温度十分高，你需要站得远一些。当黏土开始冷却时，你能感觉到温度也不是很低，但之后温度会降下来。在这过程之中，你可以动用你的感官去感受。据考古学认知，陶瓷是我们所知的最稳定的材料之一。因此，将黏土的各个阶段与文化联系起来也是有可能的。黏土的各个阶段都有故事，它们一并在诠释一幅宏大的画面。因此，你可以向孩子们讲述材料的故事。

倒下的树木

这是另一个例子，论证儿童能够感受那些"承载时间"的材料。建筑师帕拉斯玛（Pallasmaa）谈到一个自然物品是如何保留过去的记忆的：

> 用手触摸被海浪冲刷过的鹅卵石，会感到很舒适。这是因为在它漫长的形成过程，时间的塑造。手掌里的那块完美的鹅卵石正诠释了时间，也正是时间改变了它的形状。

卡里·卡尔森讲述了一颗倒下的树对儿童的意义。

> 一棵树。有时在小镇里，树不得不被砍掉，但在乡村之中，那就不是问题。总会有东家在砍树，然后把树带到幼儿园去，说："看，这是一颗大树，有树冠也有树枝。"
>
> 之后，孩子们会调动他们的身体，例如挂到树上、跳一跳、走一走、寻找平衡感等。孩子们也有可能关注其中一部分，叶子是什么颜色的？当叶子变干时，会发生什么？在这个过程中，我在想："大树的哪个部分可以玩？是大树薄的地方还是厚的地方？"你可以用一把锯子。我总是用这个有两个手柄的大锯子，这样你就可以和孩子们一起来回锯，或者用斧头把树切成小块。你可以将它们拼成不同颜色的图案。除此之外，你还有树皮。你也可以找到更大或更小点的树皮。你还有木头。我们能用木头做什么？当它变干的时候会发生什么？孩子们可以用刀，当然，大人同样如此，思考

如何在这个树枝上做标记。

所以你看，一棵树可以用来做很多事情，而不是仅停留在树木的外在。这棵树可以有无穷的变化方式。我认为这是我教给学生的主要内容之一。

卡里·卡尔森

黏土和倒下的树木都以一种特殊的方式"承载"着时间，但如果我们应用内发教学法，这些探索活动可以视为在影响内在机制，以找寻树枝、黏土、大人、儿童、天气各自的时间概念。梅勒韦瑟（Merewether）提到了"自然奇景"一词，例如一群鸟在飞行中的盘旋动作，以表达人类和非人类之间的关联的动态特质。

接下来，我们将更详细地思考早教工作室的转变。

工作室：慢知识的创造者

工作室教师维亚·维奇（Vea Veechi）讲述了自己在意大利瑞吉欧艾米利亚的黛安娜学院的实践经历，并将慢速教学法的时间概念的认知贯穿其中。

维奇思考了时间与教育的关系：

今天，对该项目的重视度比之前都要高，是因为年轻一代总是仓促行事。即使我们有项目，但也往往是短暂的，而且很快会被周期更短的项目所取代。另一方面，兴趣是多维的，也几乎是贪婪的，具有短暂的生命力、情感力，以至于"行为往往在姿态中被消耗"。

技术成为一种语言，维奇强调了学习环境和工作室在这个过程中的作用：

> 我经常强调，几乎可以把我的观点简化为一句话，即工作室是如何能够让技术成为一种语言，以及如何在更广泛和更复杂的背景下培养运用技术的能力。

这种"成为"必然是耗时的，就像学习一门新语言一样艰苦。在这种方式下创作的表达性词汇可以理解为慢知识的一种形式。维奇指出了这里涉及的另一个与时间有关的特征，便是孩子自主发现问题和解决方案的能力：

> 马拉古齐曾言道，教师的工作是"专业的鼓励者"。这个定义十分美丽，对于工作细致入微的教师们来说，这还展示了对职业的展望。如果我们对孩子们的研究成果不表露任何欣喜，孩子们也无感于自己的研究成果。那么我们的工作就不会那么地有趣，孩子们的学习氛围也会大不相同，师生的工作和学习效率都可能更低。

维奇

另一种倾听的方法是耐心等候，即以一种有趣的、无预设的方式与材料相处，用不同的方式倾听，并培养慢知识。工作室是创作的地方，是诠释技艺的地方。人类学家蒂姆·英戈尔德的作品讨论了不同的时间速度，西尔维娅·金德之前也提到过。"工匠的一项技能，便是能从材料的缓慢运动中点燃想象力，获得灵感。"这种节奏似乎比较快，但又比较慢，适用于儿童和成年人的工作室，正如下面阐述所证明：

> 与儿童一起共事，能看到他们十分紧张，看到事情在一段时间里被拉长，创作没有完成时，你可以任他们继续，或者你也可以改变他们，再或者你加入他们。因此，你要传达的并不是零碎的信息，创作过程中没有停止一说。如果孩子要去卫生间，创作就会结束。当一学期结束，拥有两周假期之时，创作亦会结束。我认为学习是一个长期的事情，我自己也参与了其中。我和孩子们一样参与其中，不过我这样做不是为了孩子，也不是为了学生，而是为了我自己。因此，这对于我有某种意义，迷失方向之后，我会查明缘由，这便是工作的乐趣所在，即不停地想办法，去学习，去解决问题，我也一直在维持这样的模式。
>
> 西尔维娅·金德

知识创造和意义创作之间的协作关系密不可分。工作室是一个令人思考的地方，让人有一定的时间观念。"工作室被想象为共同探究学习的空间，孩子和儿童教育者都能够接触到材料，在创作过程中流连忘返，共同研究特定的想法和命题。"

这说明工作室可以成为培养知识体系的地方，而不是只消耗已有的知识。这一概念与福禄贝尔将幼儿园视为成长和取得相互关联的地方有关。

西尔维娅进一步解释了可以开展的合作：

> 西尔维娅：无论你的工作对象是儿童、青少年、成年学生，还是教育工作者，不要局限于用一种材料或一个想法来

做一些事情，这对我来说非常重要。但是我们如何参与其中，与之同行，与之对应，这对我们的空间创造有着巨大的影响。

艾莉森：那你是怎样落实的呢？

西尔维娅：这是个好问题，我们也一直在探索答案。我认为慢知识的一部分就是我们在培养什么。不仅仅是我们在想什么，学什么，做什么，而是在培养什么。我们所培养的特质，比如认识的方式、存在的方式，这些方面在我们所创造的情境中非常重要。我们对待事物的方式也十分重要，所以我们不仅仅是处理关于某件事情的知识，提供信息供消费，或者将材料用于达成目的。我们也是在培养注意力，培养慢节奏意识，这样我们不仅可以注意到个人在做什么，还可以注意到其他人在做什么，这样我们就可以参与其中，知晓他人的想法，明白材料的意义。

在我们的讨论之中，还有一个层面是关于工作室是如何"承载"时间的。有一个空间容纳一拨又一拨的儿童群体，还有一个空间只长期容纳一拨儿童，前者描述的空间有一定的特殊性。

工作室已经成为一个创意空间，空间本身就会说话。看看墙上的画，有些已经放了13年了。在这段时间里，有着各种各样的项目，一批又一批的孩子来到这里，之后又离开。我不会把所有东西都挂到墙上，而是通过过往的痕迹诉说着孩子们来过这里，并且孩子们曾在这里思考过。因此，孩子们进入了一个充满想法的世界。我认为这是一个能够承载过去、保留过往的地方，不需要每年对之打扫。这里的东西十分重要。

西尔维娅·金德

该方法体现着一种思考方式，即学习环境如何承载所有儿童的想法，并激发新的探索。这体现着知识积累、协作、创造。

讨论

培养知识的时间

在教学时间压力大，以及"教育者也要懂技术"的前提下，落实本章所谈论的体验式慢速教学法，对教师及其职业发展有一定的挑战。

比利亚那·弗雷德里克森在采访中强调了这种具体而非抽象学习的重要性：

> 艾莉森：看了你的其他回答，以及你的教学实践……你会教授给学生经验，你告诉学生亲身体验的重要性，这是实现课程特定目标的一部分。实际上，你也需要亲身感受，这意味着课程进度可能比你想象的要慢。
>
> 比利亚那：完全正确，我现在也慢慢认识到，让学生先亲身感受一些事情有多重要。之后，他们会带着问题回来问你，而不是告诉学生"你这样做的话，接下来黏土会破裂，所以别这样做"。这样说的话，没有人会记得，所以我会说"没关系，就这样做吧，我们看看都会有什么样子的裂痕，

会发生什么"。有时我会给学生一些建议，一些学生会注意到我的建议，一些学生则不以为然。这样的话也没关系，当他们亲身经历时，谈论变得又有趣了许多，因为这是他们所关心的事情，所以他们会带着问题探讨。

这种一手经验无法替代，尤其是这些探索有利于未来培养良好的师生关系。我还感兴趣于这个过程中互动的意义，正如卡里·卡尔森所说：

但这对于幼儿园、教师和工作人员来说可能很难理解，"玩这么多棍子有什么用"或者"我们为什么要用黏土？太脏了。我们可以用面粉做'橡皮泥'，因为这样更干净"。我认为这些慢实践将孩子们同自然环境联系了起来。

卡里·卡尔森

带上你自己

一手经验对慢实践教学十分重要。认识于此，还有利于我们的个人传记，例如关于童年和学习的记忆。在第三章中西尔维娅提到，在第一次慢实践中她便想到了自己的童年。

"带上你自己"和"注重生活经验"同社会教育学的整体方法有相同之处。社会教育学工作者将自己的"头、心、手"带到工作之中，并在同事关系之中认识自己。

这和我在本章开头讨论的"个人教学法"概念相呼应。在这里，自我反思以及对个人背景和身份的认知影响着我们的教学方式、教学目的。在专业中也要强调个人的重要性，尤其是在我们思考如何向学生教授慢实践之时。比利亚那注意到学生没有试过不同的学习节奏，所以也不知道用哪种节奏学习效率更高。

> 如果你看一下时间表，就会发现它可能适用于一些学生。然而，每个学生都有自己的学习节奏、交流方式，所以每个时间表只适用于一个人，而不是所有人。初中生和高中生会听从时间表的安排，但是预设的安排对他们没用，他们也许也不知道主动意味着什么。在师资教育中，一大难题便是教师既要讲课，又要明白每个学生的学习节奏不同，由此学生要能找到适合自己的学习方式。所以，我在做教学计划的时候，会将所要教的学生代入其中。这个教学计划也是建立在我的以往经验之上的，但我仍然必须时刻记住，这些学生不同于以前的任何其他学生。虽然他们会有一些相似之处，但我必须要去改变一些东西，因为事情是在改变的。
>
> 比利亚那·弗雷德里克森

如果学生的童年时光和校园生活完全是受时间驱动，并采用表现性学习模式，那么实施这种教育法便是一个挑战。学生探索材料的做法会对教育工作者带来不确定性。若要找到合适的时机来减少不确定性，或者用新材料，抑或运用另一种教学方式，这需要教育工作者有一定的教学技巧（卡尔森和克拉克，2022）。师资培训可以减少教育工作者对不确定性的担忧，并引导其耐心处理材料，但是这个过程可能并不容易，正如塔米娜·沙扬提到的那样：

学生来自世界各地，有些学生曾接受"工厂模式"教育。在这种模式下，大家行色匆匆、速度至上。他们希望一切都像现在一样能够预判。在有些学生看来，一切都必须是提前安排好的，当我进行改变时，他们会非常沮丧，因为他们不能接受改变……他们不喜欢变通，因为他们会担心自己死板。他们也不喜欢不确定性。当事情存在未知时，他们就会感到不舒服。例如，12点是午餐时间，或者下午3点是户外活动时间，他们就会感到舒服。不管孩子今天是否疲倦，是否想睡懒觉，都必须到户外活动。

塔米娜·沙扬

总结

正如上面两个案例中（黏土创作、倒下的树）看到的那样，材料承载的时间概念能够引发不同的思考。这些物质材料又将儿童同所处地方、世界、历史、文化联系起来。我们探讨了工作室培养慢知识的几种方式。这些讨论聚焦于儿童教育的专用艺术空间，但是其迸发的可能性并不局限于这些封闭空间。正如第5章关于场所中的慢实践阐述的那样，有设计的空间能够带来引入多元化的时间模式。然而，空间和材料并不是孤立的，而是需要结合在一起并辅以教学法。这种教学法包容无限可能，时间视角十分广阔。接下来我们将探讨慢实践之教学档案，以上探索仍在继续。

问题

1. 你小时候的上学经历和长大后的教育经历，对你的教学方法和知识构建有什么影响？

2. 颜料、美术、黏土是如何改变时间观念的？

3. 在什么背景下，教育者乐于与儿童一起提出问题？

慢实践与教学档案

简介

　　本章的慢实践着重于教学档案的应用，由意大利瑞吉欧艾米利亚的教育者首先提出。这种时间观念根植于瑞吉欧（Reggio）儿童教育体系之中，也是以倾听为核心的教学法的重要组成部分。然而，与其他更直观的特征相比，时间作为一种重要的"成分"，在这一教学方法的讨论中受到的关注较少，例如物理环境被视为"第三位教师"。瓦伦丁（Valentine）将时间观念和档案记录视为"苏格兰儿童教育体系能从瑞吉欧教育体系中所借鉴的地方"：

　　　　在许多方面，对于那些考虑运用瑞吉欧教学体系的人来说，所需要考虑的问题之一便是时间。我们必须思考如何在实践中利用时间，但也必须从哲学层面权衡时间。

　　　　时间本身以及儿童、成人如何利用时间是瑞吉欧教学法的核心。孩子的节奏总是被放在首位，它被赋予了巨大的价值。用一位瑞吉欧儿童家长的话说："……把时间视为珍宝，而不仅仅是达到目的的手段。"我们必须有时间，并赋予时间意义。

瓦伦丁

我想通过时间的视角着眼于教学档案的制作过程。接下来的讨论将着眼于这种学习记录中隐含的节奏变化，以及慢实践。除此之外，接下来还会探讨不同形式的教学档案如何以不同的方式为儿童、家长、教育工作者和社区"保留住时间"。

正如福莫西奥和彼得斯（Peeters）所说，制作教学档案具有挑战性，却又十分值得。许多文献重在强调教学档案的复杂性。而我的研究目的是关注教学档案与时间线的关系。

在本章，我将首先解释彼得·莫斯在《幼教中的另类叙事》（*Alternative narratives in early childhood education*）中提到的教学档案概念：

> 教学档案可以被视为一个将过程（如学习）和实践（如项目工作）显性化的过程，因此也是一个反思、交流、解释和批判的过程。教学档案通过手工创作以及挑选各种材料（如照片、录像、录音、笔记、儿童作品等）来进行记录，并且还会以严谨、民主的批判性方法分析记录内容，也会时刻和他人保持联系。

在探讨教学档案之时，需要注意这一过程中的制作和讨论环节。简·梅里韦瑟在总结时提醒我们要注意这项工作的合作性质：

教学档案的对话性和新兴性有助于研究人员和儿童长期交流，也留出了儿童发挥洞察力的空间。儿童的自身经历有助于丰富研究内容，并为研究方向做出贡献。

梅里韦瑟

教学档案是一种慢实践

我首先采访了哈佛大学教育学院"零点计划"的高级研究员玛拉·克雷切夫斯基，他从事教育研究数年，和瑞吉欧体系下的教育工作者一同进行了学习可视化研究。

我认为记录学习过程的一大好处是让教师慢下来，然后认真倾听、仔细观察。我认为倾听和观察是慢下来的主要原因。法国哲学家西蒙娜·薇依（Simone Weil）曾说，"关注是最稀有、最单纯的付出"。我一直都很喜欢这个概念，我的教师同事也提到了"关注点放在哪里"的重要性。记录学习过程有助于反思教和学，因为你会有无法面面俱到的时候，这样就会忽视教学环境中的一些细节。因此，为了避免自己停留于表面认知，将孩子所言及活动情况记录下来，这样方便你进行复盘。

之所以慢下来，还有一个重要的原因。无论我们看什么，我们都带有主观性，我倒不觉得这是个问题，反而是个优点。因为我们是在参考已有的经验和知识储备，但这也仅是一个视角。为了看到其他视角，你便需要记录。你对你所有的内容进行主观评价，教学档案便为他人赞同或不赞同你的评价提供了依据。此外，他人还能将教学档案作为一个共享的参考档案。

玛拉·克雷切夫斯基

玛拉·克雷切夫斯基的观点有助于思考教学档案蕴含的时间观。玛拉·克雷切夫斯基是一名教育工作者，将关注点置于何处是一个专业问题。教学档案有助于教育工作者抓住一个儿童或儿童群体注意力集中的瞬间，并顺着孩子的想法而发展。

对学习过程进行视觉和语言记录在一定程度上"冻结了时间"。教学档案可用于共享，而不是教育工作者和儿童对某件事情的个人回忆档案，所以教学档案和时间密切相关。正如玛拉所说的那样，"记录学习过程有助于反思教和学，因为有时你无法面面俱到"。这与我们是否能够接受对过去的复盘无关，而与我们是否会得益于这种深入的反思与思考有关。这种审视和思考的方式也得益于对其他观点的开放态度。正如玛拉所说，这些记录有助于判断其他人是否赞同我们的第一反应。更重要的是，孩子们能够完全参与到这个过程之中。

这和卡丽娜·里纳尔迪（Carlina Rinaldi）的"听力教学法"有一定的联系，该教学法包括3个不同却又相似的听力概念。首先是内在倾听，即尽情思考的个人时间；其次是多重倾听，即打开他人的视角；最后是可视倾听，即这个过程的视觉化记录。

每种类型的倾听都需要投入时间，例如自我反省、收集观点、记录交流过程。这并不急于给出一个完整、单一的叙述，而是令叙述多元化，让他人加入其中：

　　　记录员以个人视角看待已经发生的事件，旨在进行深入理解，同时寻求沟通和建议。要做到这一点（虽然这看来有些矛盾），需要在教学档案中体现出不完美感以及自己的期待值。你告诉别人的不是你所知道的事情，而是你所知的上限，或者你的局限所在。然而，这种局限来源于所叙述的"对象"其实是一个动态研究过程。

　　　　　　　　　　　　　　　　　　　里纳尔迪

　　玛拉提到，哲学家西蒙娜·薇依将深度注意力视为慷慨的一种形式。在教学术语中，这不是一种常见的特质。在教学档案中，这里所需的慷慨是指一种暂停的能力，而不是对正在发生的事情做出迅速的评估。里纳尔迪在讨论"不是告诉别人你所知道的事情，而是你所知的上限"时提到了这一点。这要求我们接受无限可能性，同时搁置一些其他的事情，例如关乎职业的和个人的事情，由此全神贯注地关注孩子们所做的事情、所说的话。慷慨和谦逊是互通的两种品质，这也许就是"认识论的谦逊"的一种表现，即教育工作者或研究人员能保持好奇心，并以平常心对待自己的知识短缺。在某些文化背景下，这或许更具挑战性。

各类教学档案和时间模式

　　接下来将通过访谈的形式，从时间层面继续探讨教学档案，具体对在新西兰、苏格兰、挪威的教学档案进行反思。它们都与发源于瑞吉欧教育体系的教学档案有某种联系，但又因地制宜，发展方向不尽相同。

学习故事

我与彼得·莫斯一起，和挪威学者安妮·特里涅·克约霍尔特（Anne-Trine Kjorholt）共同编辑了一本书。这本书汇集了研究人员、教育工作者和政策制定者的观点，以批判的眼光看待"倾听儿童心声"的概念和实践。新西兰儿童教育学者玛格丽特·卡尔（Margaret Carr）、卡罗琳·琼斯（Carolyn Jones）和温迪·李（Wendy Lee）在他们的章节中讨论了如何将倾听儿童作为基于叙事方法的评估实践的一部分：

> 学习故事是一种记录日常交流的方法。内容大多包括一个学习片段、一个"短期回顾"、一个"未来预测"……运用这种方法，评估，即运用价值的知识和参考的能力，拓宽了多重思维。评估记录形式有故事（可以重温）和照片（儿童可以阅读）两种。
>
> 卡尔等

在我看来，之前对学习故事的描述有几个特征，表明了这种记录的形式具有重要的时间维度。儿童"日常交流"的焦点关注当下，"短期回顾"也表明人们希望这种记录在当下具有价值，"未来预测"则探讨了未来。由此，进行复盘是如此重要，这也表明记录需要时间。并不是说只参与信息收集，过后直接消失。

正如阿曼达·贝特曼在访谈中提到的，本章提到的评估的3个关键要素是"注意、发现和回应"，之后又延伸到记录和复盘：

布朗温·考伊（Bronwyn Cowie）谈到和孩子系统化相

处时的"注意、发现和回应"。我完全认同这会让事情慢下来，而且你也有了看待自己实践的系统化方法。我想到教师坐在沙坑旁，在此刻陪伴孩子，能够注意到正在发生的事情，你会想到这有可能是那个孩子最有趣的学习时刻。当你在观察之时，孩子们会对此十分感兴趣，并且也会"发现"这时候很适合学习。它有启示或机会在这里进行教学交流。我真正感兴趣的事是"回应"，因为这经常是学生们感到困惑的问题……你实际上是如何回应的？

你之前是经历过这种时候的，可能是和许多孩子一起，或者是和两个孩子一起，抑或是和一个孩子。你该如何与孩子交流、互动，来对他们当下的学习进程表示支持呢？记录并复盘孩子们的学习过程，这样便写成了学习故事。记录当下的学习进程，之后随时和孩子一起进行复盘。我认为，这有助于孩子们理解学习内容，以及成为反思式学习者。

阿曼达·贝特曼

同样，阿曼达的思考也体现了这种记录形式的时间维度，例如教育工作者放慢脚步，认识到了**注意、发现、回应、记录、复盘**的重要性。玛格丽特·卡尔和温迪·李参考了杰伊·莱姆克（Jay Lemke）关于时间尺度的研究成果，撰写了关于"学习故事"和"学习档案"时间观的文章。"在人类文化之中，我们可以发现，一种物质对象能将长期过程和短期事件联系起来，该物质对象既具有符号功能，又具有物质功能"。基于这种理解，卡尔和李将视为短期事件的学习故事与视为长期过程的教学档案相关联。

真实故事

教学档案也可以被理解为抵制主流叙述的一种形式。林恩·麦克奈尔（Lynn McNair）讲述了真实故事可以视为一种特殊的教学档案。

> 首先，参与者将真实故事定义为反对对儿童进行全面地、自上而下评估的一种方式。其次，我们研究了生活故事在社会体系中的存在方式，即融入而非改变当地的社会生活体系。
>
> 林思·麦克奈尔等

林恩继续深度阐述了自己对真实故事的理解：

> 我想说，生活故事是以玛格丽特·卡尔和温迪·李的学习故事为基础。关于真实故事，我们的教学工作主要是记录孩子们的学习进程，但是我们也想要记录到孩子们的公民生活，实际的生活日常。举个简单的例子，有一天，一位工作人员吃午饭的时候，注意到身后有个孩子在哭，便走过去和她沟通询问原因。我认为孩子对她隐瞒了一些信息，并非全部告知，这个孩子家庭状况不是很好，她的妈妈病得很严重。我们为此开了一次会，"实际上，我们记录的不仅仅是一个学习过程，还是一段生活经历"。这便是我们所改变的地方。因此，一些日常生活不一定关乎学习，但一定和学习有关。
>
> 我曾说过，也要注意日常生活中的一些小事件，这对孩

子们十分重要。"真实故事"有助于应对孩子学习过程中出现的压力和不确定性，因为你在倾听孩子们的心声，然后你还会对其进行细致的分析，其实并没有什么具体的目的，就是在捕捉孩子的复杂性。

林恩·麦克奈尔

与本章讨论的其他形式的教学档案一样，"真实故事"尊重儿童的文化身份，可以被视为和孩子一起培养慢知识的一种方式。林恩认为孩子们应在自己的文化背景下习得知识。

记录儿童日常琐碎的话语需要时间，这是一个问题。所以，一些教育工作者选择在家写"真实故事"，但该方式并不值得推荐。

讨论

我想探讨教学档案目的和时间之间的关系，具体探讨两个方面，即教学档案对孩子的长远价值，和教学档案作秀的危害。

教学档案对孩子的长远价值

我想回到教学档案和时间尺度的问题。和"学习故事"相比，卡尔和李的"学习档案袋"的时间尺度更长。"学习档案袋"既能和孩子的过去相联，又能帮助治愈当下和未来。德里斯科尔（Driscoll）和鲁吉（Rudge）提到了在伦敦幼教中心研究出来的儿童档案册。儿童档案册是对"儿童生活中真实、鲜活的文化"的一种记录形式。这类档案册是同儿童及其父母共同创作的，是对孩子兴趣、优势和不足的鲜活记录。其中一个例子令我印象深刻，德里斯科尔和鲁吉提到，托比（Toby）从小就需要每天服药，但他讨厌药物。

> 当时，托比只有一岁半，他会大喊大哭，抗拒吃药。在幼儿园的主要工作人员认为应该和托比一起解决这个问题。我们从拿药开始，之后工作人员将药准备好，到托比哭着吃药的全程都拍了照片。然后，这些照片就被放进了他的档案册。这对托比来说是一个很大的突破，因为我们每天都会和他一起讨论这个问题。在档案册上，照片还附有三言两语的描述，例如"托比在吃药时哭了""托比不喜欢吃药""托比在哭泣""他很伤心"。
>
> 德里斯科尔和鲁吉

这个例子还不能展现出我们在这个过程中的细致和敏感度。我认为，记录下来的目的并不是向托比隐瞒他的痛苦，而是让他逐渐能够掌控自己的事情。托比的档案册在帮助他克服吃药方面起到了重要作用，也促进了托比及其朋友、教育工作者和托比父母之间的交流。随着时间发展，托比变得更为自信了。"我们非常开心将吃药系列的最后一张照片放进档案册里，那便是托比给自己喂药时面露微笑。"

教学档案对孩子个人、群体甚至班级都在更长的时间尺度上有价值。这让我想起我在意大利北部柯勒乔的一个幼儿园班级里看到的一张简要图表。这个班级一直在学自己整理的词汇、图表、符号。当一学年结束时，孩子们的成长档案便跟随孩子到下一个班级。该档案记录了过去，并展望了未来的规划，是一种慢知识。我认为这代表了一种更长远的时间观念，过去的获得和当下的努力都有价值。这是对"旧知识"的欣赏，以及对个人成就之外共享知识的赞许。这不同于儿童的过渡，这种过渡通过新的展示、新的记录、新的书籍，来无意中忽视过去的努力。这提醒我们，孩子的关注点和担忧是不局限于年级的，可能和预制课程安排有出入。我将在第10章探讨慢实践研究时，回到记录"时间旅行"的问题，并思考教学档案如何帮助孩子忆起过往，并将其与现在和未来联系起来。

思考教育和时间的关系时，需要思考个人记忆、集体记忆如何被储存。因此，当比较成为一种主流文化时，能够被比较的东西便成了保留下来的特征。在时间表上，甚至在墙面上，童年时期其他方面的特征都不那么明显了。

记忆可以被储存在教室、纸质档案袋以及电子空间中。对我来说，一个关键问题便是孩子是如何参与到可视化记录之中的，以及孩子和这些记录的关系是怎样发展的。凯特·考恩和罗西·弗莱维特（Rosie Flewitt）对这一问题进行了详细探讨。考恩和弗莱维特探讨日益流行的"电子档案袋"和"线上学习日记"时，强调了电子记录形式的可能性，例如能够捕捉动态图像和声音。与此同时，他们也指出了成人导向的记录模式的缺点，孩子们很难参与其中，很难拥有主人翁意识。

教学档案是作秀吗？

教学档案可能会忽视孩子自身。它可能会变成一个终点、目标，或者对已有成就的梳理，而不是一个过程和一块展望未来的跳板。里纳尔迪强调教学档案"不是记录结果，而是记录过程，记录思维路径"。儿童教育越发注重测量性文化，这便是影响教学档案形式的外部压力之一。福西特和沃森在评析英国政策和实践时提醒道："在日益注重绩效管理的教育体系和现代社会中，给外部机构（投资方、管理方、学校）进行档案记录有一定的压力，这也是需要牢记的"。

马里·莫里谈到制作教学档案的外部压力时，提到了自己在日本与儿童教育工作者的工作经历：

> 当谈及制作档案之时，他们中的许多人告诉我是没时间去记录的，也没时间和孩子对此共同探讨，所以它才成了教学档案。许多幼儿园都是如此，教师们也都表示赞同。我觉得教师们若是拍许多照片，并且日复一日，定会耗费许多时间，但是父母们有"吾家宝贝"这个软件，记录起来便会容易一些，所以我在想父母是否对此感兴趣，但是之后他们会表示我们做了正确的事情，所以这也是一种例证吧。
>
> 马里·莫里

在这些压力下，教学档案可能变得毫无生气，而不是充满活力和生机。这样的话，教学档案可能被视为作秀的工具，不再是孩子和教育工作者教学探索的一部分，而是成为一种目的，主要的阅读者是外部受众。如果教学档案失去了教学价值，那么它便是在浪费时间，即某种意义上浪漫宝贵的教学时间，正如德博拉·哈考特所提到的：

> 德博拉：举个例子，如果你谈到教学档案，一些人会把家长视为其受众，而不是说"我仔细地读教学档案，由此指导我的教学实践，成为一个更优秀的教师，更好地理解学生，做好我的工作"。
>
> 我去年在一个早教机构工作，这个机构有一位四年制学位毕业的儿童教育工作者，他的全职工作集中在电脑上，将孩子们的记录上传到故事公园、脸书等软件上。手机端的孩

> 子家长在三点会说："我家孩子的照片还没有上传。"我会解释道，"您可能不知道，但这是澳大利亚私营早教的营销策略，我们没有接触到这些东西"，而不是说"我为什么选这张照片""我为什么选择这个故事""我为什么……"。照片已经上传完了，这个过程也无需慢下来。
>
> 　　艾莉森：所以这不是教学档案……
>
> 　　德博拉：不是，这是一种营销手段，这和教学无关。

这样的记录可能有一个即时的目的，但没有长期教育价值，并将教育工作者视为技术人员。这和第6章中西尔维娅·金德在探讨工作室时提到的教学档案形成了鲜明对比，工作室墙上承载着历史，保留着过去的痕迹，展望着未来。

总结

本章主要聚焦于教学文档的目的以及时间概念。这些生活记录、评估、交流可以令日常实践慢下来，这样教育工作者、孩子及其父母便可以专注当下。教学档案在陪伴孩子成长的过程中证明了其价值，也作为"视觉化倾听"积累知识。

我想以克里斯蒂娜·麦克雷（Christina MacRae）、阿比盖尔·哈克特（Abigail Hackett）和瑞秋·霍姆斯（Rachel Holmes）对茜乐维·兰斯·田口（Hillev Lenz Taguchi）作品中与时间相关的教学档案的价值来结束这一章。

　　教学档案是一个工具，令我们更为深入地思考时间，因为它"描绘出了学习的一部分，并且在我们面前将学习过程具象化"。教学档案不仅将事情的独特性可视化，还将我们的注意力转移到了成年人对其的反应上。

麦克雷等

问题

1. 时间在教学档案中有哪些体现？

2. 设计教学档案可能很费时，你认为谁是教学档案的主要受众？

3. 如何放慢设计教学档案的速度？

日常生活中的慢实践

简介

在落实慢实践过程中，儿童的日常生活得到了教育学、文学以及哲学领域学者的关注。就餐时间则是各领域都关注的地方，也是本章从时间角度探讨的主题之一。这让我们回到了慢食运动，感受一起用餐的乐趣，重视食物的营养性。我们还会特别关注慢实践对于儿童教育的意义。

丹麦人重视日常生活中的世俗概念。教师作为"日常生活专家"的概念还为此次采访提供了思路。吉特·延森（Jytte Jensen）在跨国研究的背景下写了关于丹麦教学实践的文章：

> 吃饭、上厕所、睡觉等日常活动不仅在丹麦的儿童教学中受到重视，在其他群体的教学活动中也受到重视，例如寄宿的儿童以及共处同一屋檐下的残疾成年人。在这些环境中，这些活动占据了大量时间和空间。丹麦政府高度重视日常生活，也表明了对当下生活质量的重视，而不是对未来的

空想。真正重要的是——孩子和大人共同居住在一起。

延森

我有幸能和吉特·延森以及他的同事们合作，成为这个研究团队的一员，共同为"欧洲的关怀工作：当下理解和未来方向"这个项目做贡献。

这个项目关注人文关怀。这项跨国研究的一项主要任务便是整理丹麦、英格兰和匈牙利幼儿园的半小时电影，由此教育工作者（或丹麦的教师）对此进行讨论。本研究的方法框架被称为SOPHOS（二阶现象观察方案），该框架受托宾等人的视频引发的民族志研究方法的启发。

以下摘录的是延森与丹麦教育工作者一起观看了这个国家的电影后所做的叙述：

> 根据一位教育学学者的陈述，英文电影中的实践表明，餐食是日常生活的一部分，但是并没有得到特别重视，并强调（英文电影）缺乏对日常生活的参与。丹麦还是重视日常生活的，我们带着食物和盘子来来回回，吃饭是可以和任何事情一并进行的。在英文电影中，总是在讲述其他事情，是一些要学习的内容。
>
> 正如教师们所看到的那样，吃饭和上厕所似乎没有那么重要，自己的工作也仅仅是照顾好学生。

延森

这是一个外部评论，并不是一个能够普遍适用的判断，但是"总是在讲述其他事情"提出了一个问题：在不同的背景下，幼儿园的日常活动被赋予了什么价值？我认为，日常安排的做事节奏和事情本身的价值有关。在哲学和社会学思想领域，有许多关于日常概念的论述。谢林厄

137

姆（Sherringham）认为日常性根植于使日常可见的实践中。澳大利亚儿童教育研究员苏林·米切尔莫尔（Suallyn Mitchelmore）、希拉·德戈塔迪（Sheila Degotardi）和阿尔玛·弗利特·米切尔莫尔（Alma Fleet Mitchelmore）将"le quotidien"的概念定义为"日常生活中所涉及的生活经验的维度"。他们还借鉴了法国社会学家和教育思想家列斐伏尔（Lefebvre）的研究成果。米切尔莫尔和其同事通过讲述孩子与围兜之间的关系，展示了幼儿园孩子们"日常生活的潜力"。在讲述中，我们感受到聊天的速度慢了下来，甚至停下来，可以更充分地关注这些瞬间。其中一个例子便是一群18个月至2岁的孩子选择穿哪种围兜：

> 克里斯托弗正在思考自己的决定。并不是说他不知道自己想要哪个围兜，而是他好像很享受做选择的过程。他的手坚定地指向印有狮子图案的围兜。此时，教育工作者贝斯（Beth）温柔地对他说："你想要狮子，对吧。"
>
> 米切尔莫尔等

本章将探讨日常、节奏，以及瞬间。我们不仅探讨将日常生活速度放慢的例子，也会探讨对节奏的关注如何影响自己的下意识能力。这会把我们从计划中带到计划之外。

我们将坐在桌旁，共享一餐。

日常

再想想慢食运动的目标，其中一点便是与朋友和家人一同愉悦地享受美食。《慢食宣言》指出：

坚决捍卫平静的物质体验是反对"快速生活"这一普遍

愚蠢行为的唯一途径……我们应从餐桌上的慢食开始。

奥诺雷

所以这个桌子还另有他用，让我们得以思考慢实践的价值，以及儿童教育的时间观念。

本章中有两个关于用餐时间的例子，一个是在澳大利亚的幼儿中心开展的活动，另一个是在苏格兰福尔柯克进行实践的例子。这两个例子互不关联，但是其出发点、方法却有许多相似之处。

从餐桌开始

我现在在早教中心工作，工作时间是从"11点到2点"。在这段时间里，我们应如何在实践中做出改变，由此来让一切慢下来，让孩子们真正有选择地去改变10分钟前还摆放着橡皮泥的桌子。因此，要放慢实践的速度，让孩子们参与到速度慢下来的全过程，这样孩子们会有意识整理好桌子，等朋友一起坐下来吃午饭，还能确保孩子们自己盛饭。

德博拉·哈考特

正如德博拉·哈考特解释道，她的项目的关注点之一便是思考日托每日时长达12小时的儿童日常生活是怎样的。虽然这些孩子在幼儿园待了很久，但还是匆忙搞定了午饭。上午的活动结束之后，匆忙过渡到了午餐。大人们迅速摆好餐桌，然后把午餐送到孩子们手中。午饭时间变得十分机械化，成了对一天中其他时间的干扰，成了一项需要打钩并尽快完成的任务。

基于德博拉对这一情况的描述，我们可以看到，午饭时间慢下来的同时，孩子们还能够在一天中有更多时间充分参与到用餐过程之中。孩子们能够积极参与到准备午饭的桌椅摆放过程，以及能够自己盛饭。午饭时间能够成为社交时间，大人和孩子有机会坐在一起聊天。这些时间有不同的节奏，进而产生"涟漪"效应，对一天中其他时间产生了积极的影响。德博拉继续说道：

> 我们说的是让你的身体感觉和进食量相匹配，然后将身体引向休息时间。作为自我调节的一部分，孩子们也需要管理休息时间。让我们把这个过程放慢，让幼儿园的孩子们在"我的身体需要短暂休息""长时间休息""睡觉"之间做出选择。因此，放慢这个过程，让孩子们参与其中，而不是被迫睡觉。这就是我为什么关注午餐和睡眠时间，着重拉长11点到2点之间的时间。怎样才能让早上的欢迎仪式慢下来？晨会要怎样设计才能给孩子们充裕的时间？因此，我们真的想把一天的时间分割得更大一些，在这段时间里，我们的实践可以更慢一点。
>
> 德博拉·哈考特

在这里，我们可以看到，把注意力集中在用餐以及放慢速度上，给孩子们提供了更多机会，在孩子们决定日常作息方面发挥了积极作用，例如根据自己的身体习惯决定休息时间。对用餐时间和休息时间的思考，有助于我们重新评估一天中其他时间段的安排，例如重新评估早上的欢迎仪式。德博拉提到如何让孩子们有"一大块连续的时间"，这与库法罗的非碎片化时间"相呼应。

第二个例子则是在苏格兰福尔柯克的幼儿园开展的"美肴佳餐"项目。这一举措是为了响应苏格兰早教政策的变化，即延长3岁和4岁儿童以及符合条件的2岁幼儿教育和幼儿保育资助时数。如果在学期中使用，可享受的时间增加到1140小时或每周30小时。这一举措在业界被称为"1140小时"。唐娜·格林是我的焦点小组的一名成员，在听到德博拉的"仓促时期"时说：

> 德博拉的研究……在我们这里得到了很好的反响，因为我们已经开始了"美肴佳餐"项目。幼儿园的课程设置从两个半小时变成了上午9点到下午3点。我想管理层会认为1—3岁的孩子们会去餐厅，会花半小时时间吃饭。这种做法非常仓促，而且行不通，因此他们不得不思考，"好吧，让我们真正看看这里的孩子们，到底什么方法有效？"所以当我阅读这项研究时，真的很想将其应用，它得到了很好的反响。我们从午饭时间开始，对于工作人员，是从他们正在做的事情开始的，所以孩子们可以慢慢来，可以在早上做饭，可以去储藏室，也可以自己种东西。让一切都慢下来，让孩子自己决定什么时候吃午饭，什么时候吃零食，而不是匆匆忙忙地进行一切。这需要很长的时间，我想今年才是第三年，但我们已经看到了巨大的变化。因为我们开始关注一天的中午时间，真正关注实践，思考我们的原则，倾听孩子的声音，让孩子的诉求成为其中的一部分。这是他们的午餐！
>
> 唐娜·格林，焦点小组

该实践案例基于福禄贝尔主义思想，其时间观体现在多个方面。这种变化有一定的必然性，是早年一项新政策的结果。该政策给了孩子在幼儿园中更充裕的时间。因此，从字面意义上来说，孩子们突然有了更多的时间，但是其幼儿园的日常生活并没有发生大的变化，并没有使孩子受益。在学校食堂中，最年幼的孩子们坐在这个宽敞又陌生的空间里，在有限的时间内吃完午餐，匆匆完成规范化的安排。我们注意到这个情况后，才重新思考规范。唐娜提请大家注意，教育工作者注意到调整用餐时间和放慢用餐过程，有助于在用餐过程中和孩子们进行交流，让孩子们获得一种社交体验，而不是将吃饭仅仅当作喂饱肚子的任务。

因此，"美肴佳餐"项目给孩子们种植食物和准备食物的机会。孩子们可以亲身体验做饭过程，从种胡萝卜开始，再到煮意大利面，感受每个过程所需要投入的时间。

在位于布兰肯伯格的一所福禄贝尔幼儿园中，孩子们切身参与到幼儿园的日常活动之中，例如参与到园艺活动之中，认领、照顾花园中的一块土地，一棵植物等。这种实践方法证明了福禄贝尔强调儿童要沉浸式参与活动的意义。

节奏

德博拉谈到午餐时间，还提到了儿童的睡眠模式。这个领域较为特殊，与时间、身体的节奏相关联，还突出了预先设计的"机构时间"、线性时间表、儿童生物钟和家庭模式之间的紧张关系。

我在焦点小组中讨论了调整儿童生活节奏的问题。丽兹·特比特（Liz Turbitt）是一名早教教育工作者，也是一名有过新生儿工作经验的学生，以下是她的看法：

我想说，观察孩子是一件很有趣的事情，看他们要去哪里，正在做什么，观察他们的互动，以及他们能做什么。当你给孩子们时间时，你会发现这些孩子正有条不紊地做着自己的事情。他们会进行交流，做的事情比我们想象的要多，但是他们是慢慢地进行，不慌不忙，没有压力。而且孩子们似乎不会担心错过点心时间、午饭时间、就餐时间。孩子们沉浸于正在探索的事情，如果下一秒被人打断，那简直太难受了。

对我而言，尤其是和小孩们待在一起时，要关注当下，而不是说着急进行下一件事情。要享受他们当下正在做的事情，无论他们做什么，你都要享受其中，例如换尿布、吃午饭。因为他们还在成长，会有压力做下一件事情。但是下一件事情是什么呢？并没有下一件事情……这就是孩子们的一天，他们总是能在一件事上花费更长时间。即使一个很小的小孩在你面前吃午饭，也不要去催他。他需要自己进行探索，可以用手吃饭，前提是需要有时间，所以这也是当下的一个压力。

丽兹·特比特，焦点小组

我认为，丽兹"接下来做什么"的挑战囊括了和儿童相处的方式，并且强调了要关注当下。教育者要能够从容地意识到当下正在发生什么事情。

瞬间

到目前为止，本章所举的例子着重在日常和节奏方面，并都在幼儿园实现了慢实践。现在我想介绍第三个相关的因素，即"瞬间"。该元素能更为明显地体现出时间关系，并且引发计划和非计划的问题。因此，接下来我想先打断一下我们的思路，让我们下意识地做一些事情。剑桥英语字典中对"瞬间"的定义是"自然地发生，通常是突然发生，并且没有任何的计划和目的"。

"瞬间"这个词在采访和线上阅读讨论时出现过：

> 我们需要意识到此时此刻。我们有相同的兴趣，我们一起学习如何放慢在这个地方的节奏。你也需要意识到这个"瞬间"你是一名教师。
>
> 卡里·卡尔森

为了意识到这些"瞬间"，教育者需要注意到这些机会以及孩子们的天赋。与此同时，教育系统和教学法需要有一定的开放性，如此这些"瞬间"才会被注意到。如果教师一整天都安排得十分紧张，那么"偏离正轨"的机会就会减少，与孩子一起散步的机会也少之甚少。正如第2章提到的那样，外部压力和内部压力也会对之带来影响。

这些"瞬间"都是怎么出现的呢？可能是环境塑造了这些"瞬间"，例如突如其来的大雨、雷声，或者换季时树叶落到教室里时。"瞬间"可以是多种多样的，阿曼达·贝特曼回顾了她同新西兰儿童教育工作者共同开展的一个研究项目：

这是一个地震项目。教师们特意将地震相关的东西囊括到一起。这样的话，当孩子们谈论地震时，便不会刻意地回避这个话题。

有一天，我去拍视频，幼儿园的园长对我说："曼迪；为了让你有一个更真实的参观体验，我们这里没有水！"

于是，因为没有水，教师们决定道："好吧，我们今天就来做个调查，我们要到路上走走，看看发生了什么。"教师们还问学生："你们有听说过这件事吗？"然后，孩子们说出他们听说过的相关信息。可见，教师十分重视孩子们对一些事情的看法。之后，教师说："让我们去外面看一看吧。听说，有人看到一辆卡车在路上撞到了东西，我们赶紧出去看看吧。"之后，师生便一起出去了。

我认为，这个时候就该展示物质特征了。这里有一面墙完全被拆毁了，一位教师对学生说："哦，快看这堵墙！"由此让孩子们注意到这一环境特征。教师继续问道："你认为这里发生了什么？"然后孩子们开始讨论，会谈到一些自然理论，之后有人谈到了地震。"我认为是地震造成的。""哦？那你认为地震是怎样导致墙体破裂的？"由此，孩子们发挥探索精神，思考当下发生的事情。但是，前提是学生们需要走出去看一看具体的物质对象，以及注意到所处空间中的环境特征和物质特征，同时围绕这些特征展开讨论。

阿曼达·贝特曼

但也不是所有计划外的事情都像地震那样有重大意义。换个角度思考，"瞬间"还有可能是孩子们口袋里的东西，例如一片树叶、一个玩具或者一只昆虫。卡里·卡尔森将其与挪威术语"死老鼠教学法"（dead mouse pedagogy）联系起来。30年前，幼儿园教师培训时就提到过该教学法，即强调要抓住当下，尊重孩子们的兴趣爱好。索尔维格·诺德特姆认为，在当代挪威实践中未必如此：

> 我认为，孩子们没有时间做自己想做的事情，也没有时间去享受冲动、即兴。因为太多活动都以半小时为节点被安排好了，"我们将要做这个和那个"。因此，由于大人们将一切规划好了，所以作为孩子的"我"没有那么多时间去做自己想做的事情。
>
> 索尔维格·诺德特姆

未在预定计划内的"瞬间"能够激发共同兴趣。这将重点从个人学习转到构建共享知识过程中去，如果时间表具体到每一分钟，我们则有可能被困在时间里。

讨论

"瞬间"的潜能

日常生活的一些"瞬间"是潜能无限的，认识于此似乎是慢速教学法的核心。从用餐时间变化及孩子们的日常生活来看，这些"瞬间"有多种审视方式。基于社会教育学的认知，正如延森在本章开头对丹麦教育实践的描述，吃饭和换尿布可以被看作是一件正事，而不是对一天中其他安排的干扰。这种认知的改变涉及时间维度的改变，即会建立一种新的时间观。将生活节奏慢下来不是目的，而是创造更多可能性的途径，例如加深孩子和大人、孩子和朋友之间的情感。卡洛琳·格尔德（Caroline Guard）提到了儿童教育工作者和儿童接触时"慢板交流"的重要性。"慢板交流"有助于建立起孩子和教育工作者之间缓慢且有节奏感的交流。这和"临在"概念有关：

> 我们开始将"临在"理解为深度倾听，理解为超越自己的成见和以往的理解方式。我们逐渐认识到放下旧身份和学会控制的重要性。
>
> 圣吉等

卡伦·霍斯利（Karen Horsley）在研究中借鉴了这一概念，将纪实摄影作为教育工作者反思儿童教学实践的工具。她讲述了摄影如何作为一种视觉叙事形式，让日常工作慢下来，创作出"令人深思的照片"。

但是，这些慢实践是否可以被视为在创造慢知识呢？米切尔莫尔及其同事认为，以上日常实践丰富了"关爱理论"：

> 这意味着，当一个人进行日常活动时，例如拖地、叠衣服或做午餐，过去的一些记忆便会浮现，并在当下产生关怀的情绪。"瞬间"让我们得以重新审视被忽视的关爱。关注"瞬间"的目的不是要孤立地看待某一个互动，而是要停下来，**体会那一刻关爱的多样性和主体间性**。
>
> 米切尔莫尔等

在和孩子们日常相处过程中习得的慢知识促成了对关爱的动态理解，即关爱产生于瞬间。但是，米切尔莫尔及其同事继续按照列斐伏尔在《节奏分析》（*Rhythmanalysis*）一书中的观点进行思考，指出这些瞬间是如何联系在一起的，"瞬间并不是一个停留在过去某一刻的固定事件；相反，它们具有持续性，会与未来的某一刻产生共鸣和回响，由此时间价值转变塑造为一种空间体验"。

该方法也提出了一些问题，即教育工作者如何将在这些瞬间构建出的知识带到儿童及其家人们的交流之中。我们将在第10章和第11章再次讨论过去和现在之间的关系。

在儿童日常生活中进行慢实践，有助于建立交流对话，有助于我们察觉并珍视这些"瞬间"。波文等人在反思他们的小学创新项目时也提出了类似的观点：

> 在这些中断的实践中，找寻例子时不仅要关注事情本身，还要关注时间感拉长的瞬间。
>
> 波文等

总结

在本章中，我们看到了"全时时间"是如何嵌入幼儿园的日常实践中的。当预设的机构线性时间与儿童的生活节奏相匹配时，不同的时间特性和时间维度就会融为一体。日常被中断的事情，也可以被重新审视转变为本身具有价值的事情，值得我们花费时间投入其中。同时，我们提出了在日常生活中开展慢实践的可能性，以及关注"瞬间"，这有助于我们更好地理解关爱，建立与孩子在当下及未来的深度交流，从而产生更强的情感连接。

问题

1. 儿童如何在幼儿园日常活动中主动发挥更积极的作用？这将如何影响教育者的角色？

2. 如果社会的日常生活节奏放慢，有特殊需要的儿童将会在哪些方面受益？

3. 在儿童教育中，哪些因素阻碍了计划外的，以及即兴活动的发生？

慢实践与故事

简介

本章以慢实践之故事为题，介绍了我所研究的儿童教育工作者和教师的实例，他们使用不同的方式沉浸式地来讲述故事。这些例子运用了儿童教育中成熟或是鲜为人知的方法。本章只是从时间角度简单介绍了对读写能力的训练，以供讨论。

我第一次想到要去思考这个主题，是在与挪威同事玛丽·彼得斯沃尔德（Mari Pettersvold）的一次谈话中。她当时提出的问题是：怎样慢读一本书？这个问题一直困扰着我，也成了我的研究动力之一。"慢"和"书"这两个词的并列使我大吃一惊，它让我联想到第1章中提到的奥诺雷作为家长对"一分钟睡前故事"的渴望。这是两个截然相反的想法，因为奥诺雷在思考怎么才能尽可能快地读完一个故事。然而，在我的育儿经历中，总有一个微弱的声音在说"再读一遍，再读一遍……"，这是每当我试图蹑手蹑脚地离开孩子们的房间时他们会说的话。

复述内容有助于儿童慢慢喜欢上一本书。在我的采访中出现的几个例子都提到了复述或者重复故事。因此，本章中的每个例子都会聚焦于慢实践和复述之间的联系，除此之外，儿童沉浸于讲故事的联系性和情境性也是非常重要的；联系性强调故事中社会性方面的参与度是随着时间不断上升的，情境性强调儿童要在阅读故事中逐渐认识自己以及他人的生活和历史。我们在此探讨的关于故事的慢实践完全不同于儿童教育对其读写技能的关注。在英国语言学校中，为了强调应试教育而教授的空洞刻板的自然拼读法就是一个鲜活的例子：对于一些儿童来说，沉浸在故事当中何其遥远。

马拉古齐提出，与儿童一起进行慢实践本身就是一种享受：

> 重复的乐趣既是儿童通过长期重复训练所追求的，也是一种后天的能力，只有当他们意识到自己正在学习很多技能的时候，儿童才会不再重复。重复对于孩子来说是一项快乐的游戏。想想看，孩子们有多少次喜欢听别人在同样的情景中用同样的话讲述同样的故事和情节。重复是孩子的一种需求。
>
> 卡利亚里等

我们很难有信心和儿童一起自然而然地去慢慢地探索故事，所以本章将以克洛迪·塔尔（Clodie Tal）及其同事在以色列师范教育中开发的一种方法为例，探讨如何在儿童教育专业中培养学生的这种技能。

现在，我们将从聆听孩子自己的故事开始。

由"直升机故事"开始的慢教育

自20世纪80年代初我接受教师培训以来，有一本书一直被我带在身边，那就是美国教育家薇薇安·嘉辛·佩利（Vivian Gussin Paley）于1981年首次出版的《沃利的故事》（*Wally's Stories: conversations in the kindergarten*）。书脊上红色的书名几乎已经褪色，但其中讲述了孩子们在幼儿园里的故事，还讲述了一些教学技巧。这些技巧有助于孩子们基于兴趣，在被尊重的氛围中讲故事和表演故事，这令我记忆犹新。佩利的作品《想成为直升机的男孩》（*The boy who would be a helicopter*）正是"直升机故事"教学法（Helicopter Stories）的名称和灵感来源；这种教学法由英国的特蕾莎·李（Trisha Lee）发展而来，也是我用故事进行慢实践的第一个例子。现在，请我的研究参与者、来自内伦敦的老师威廉·克拉克进行进一步解释：

> 特别是在早年间，我是"直升机故事"教学法的忠实拥护者。这种教学法基于薇薇安·嘉辛·佩利（Vivian Gussein Paley）的教学实践，由特蕾莎·李和英国慈善机构Makebelieve Arts改编，有关如何讲好故事和演好故事。它的理念是，当你听孩子们讲故事时，不用纠正他们的错误，而是把这些故事原封不动地记录在一张A5纸上，然后让他们在其中选择一个自己希望扮演的角色，并在这天结束时和同伴们一起表演这个故事，这样他们就能看到自己的想法慢慢变成现实。这个过程的民主之处就在于，"讲故事的孩子"可以选择自己的角色，但其余的一切都是由周围或舞台上

的人提供的。我认为这就是"直升机故事"教学法包容性的体现。

威廉·克拉克

所以，故事分为两个阶段：第一阶段讲故事，第二阶段演故事。这种方法很注重全时时间性指标，它要求教育者和孩子们多层次地倾听故事，并在表演的时候将故事复述出来。这样做的好处是，即使过了很久，孩子们还是能够想起来这个故事。

这无疑是需要时间的，不能操之过急。因为你必须花足够的时间去倾听孩子的心声，然后还需要时间把故事表演出来。如果你只考虑速度，想着多久讲一次，那这个方法是行不通的；你不能说"我们想每个孩子每周都能讲一次故事，这样我们好看到他们的进步"，这样时间是远远不够的。

因此在实践中，我们更多的是要这样考虑：这一年里，我要让孩子们讲4个、5个或者6个故事，而且这些故事要分散在数周内进行，这样每个孩子都能得到充足的机会。这样做实际上是非常有意义的，因为通过看孩子们讲故事，你看到他们表达能力的变化，还能在表演过程中看到他们自信心的变化。这些都会大大加深你对孩子们的了解。

威廉·克拉克

从群体方面来看，"直升机故事"教学法还反驳"唯分数论"。故事完全是由儿童创作，然后一起分享和表演的，这种合作性和联系性可以在一年级的孩子们中间建立起一种共享文化：一种属于故事家的归属感。这对于因为种族或其他问题难以获得归属感的新生来说尤为重要。这种慢慢讲故事和分享的形式没准儿会改变这种现状。

在下一个例子中，我会探讨讲故事作为一种慢实践所蕴含的群体性。

慢慢展开一个故事

"如何慢读一本书"的问题有许多种答案。

孩子们可以用数周或数月的时间去阅读和拓展故事内容。下面将介绍一个由挪威一家幼儿园开展的故事内容拓展项目，故事来自斯蒂安·霍尔（Stian Hole）所著的《老人与鲸》（*The Old Man and The Whale*），该书讲述了一个老水手和他的兄弟放下彼此的敌意，共同营救一条鲸鱼的故事，情感十分饱满。作者并没有因为要保护儿童就回避和家人讨论情感。他没有忽视孩子们，而是尊重他们。在这个故事项目的构思过程中，儿童和教育工作者都发挥了重要作用。以下内容摘自我对玛丽·彼得斯沃尔德（Mari Pettersvold）的长篇采访，展示了故事是怎样慢慢展开的。

> 玛丽：我最喜欢的一个例子，说的是从一本书开始，和孩子们一起进行的长达一年的教学项目。6个月后，教师停止了这个项目："好吧，夏天到了，我们的项目完成了。"但是当孩子们8月回到学校的时候，他们还有很多问题想问，有很多事情想了解。
>
> 艾莉森：那本书的主题是什么？
>
> 玛丽：是关于……很多不同的事情，但我认为主题是关于儿童的天性，要保护关注儿童的天性及其发展潜力。它是一本儿童绘本……孩子们像教师那样工作，而且是很优秀的教师。他们发自内心地创作，借助戏剧化的情节完成整个项

目。面对18个3到5岁的孩子，我们使用了所有的空间、材料等与项目有关的一切，包括所有的墙壁、家具……对于一群3岁的孩子来说，这是一项相当复杂的工作。但是他们工作的方式，就是我们所说的"慢"，所以我们可以听到孩子们说"啊，现在我明白了"，所有的事物之间都是有联系的。这个项目至今仍让我印象深刻。

玛丽·彼得斯沃尔德

那句"啊，现在我明白了"与佩利对自己教育者角色的描述不谋而合：教师必须帮助孩子理解知识之间的联系。

玛丽继续说道：

玛丽：这个故事从1月的挪威开始，是关于一个雪地里行李箱的故事；到了4月，是关于一位老人的故事。孩子们开始阅读他的故事。但是后来，孩子们自己编了一个新的故事：这本书里的那位老人……他需要别人的帮助，从而去找到一条鲸鱼。（这本书是）挪威作家斯蒂安·霍尔的《老人与鲸》，书名有点海明威的味道。

艾莉森：如果我没记错的话，书里的兄弟俩闹翻了，所以他们之间的关系很紧张。

玛丽：除此之外还有一些古老的爱情故事。诸如此类的东西非常有趣，因为在那本书里根本没有孩子，它讲的完全是两兄弟的故事。于是老师们就编了一个鲸鱼得救的故事：鲸鱼得救了，老人就再也听不到鲸鱼唱歌了，所以他得开始想办法。他打算带着行李箱还有许多其他东西，从挪威北部坐飞机到挪威南部。这就是为什么这个故事可以在1月的大雪中发生在这家幼儿园。然后，老师们就发现了很多和故事中描绘的一样的东西。

艾莉森：所以孩子们真的把这些东西拿来了？

玛丽：是的，所以说孩子们是可以听懂这个故事的……老人养了一只猫，所以他问孩子们能不能照顾这只猫，因为他一直在为这件事发愁，孩子们同意了；他还问孩子们，可不可以把他的一些家具放在幼儿园里，因为他年纪已经很大了，需要休息，孩子们也同意了。就这样，书里的所有东西都在幼儿园里了：他的画……他的咖啡杯，他的椅子，等等等等。几个月后，这些东西摆满了整个房间。暑假过后，孩子们说我们得找到他的女朋友。

艾莉森：有趣的地方在于，老师说"我们已经完成这个项目了，我们已经做了……整整6个月了"，然而孩子们甚至在假期结束以后回来说"不，我们还有很多需要做……"

玛丽：是的，而且他们真的把女朋友"带来了"。这个女朋友在书里没有名字，但是孩子们叫她劳拉……我想孩子们知道那个"回来的老人"是由老师扮演的，所以他们从未提起过他。

艾莉森：是的，孩子们都明白。

玛丽：他们收到了老人写给幼儿园的信，很有趣。我肯定孩子们知道那不是他写的。

艾莉森：但这是孩子们和大人之间的一种默契。

玛丽：确实，所以这很神奇。他们收到了信，然后大家不得不坐在地上……这是孩子们的主意之一，"坐下，我们要开始读信了"，然后他们就会安静地坐下开始轮流读信……同时，他们还学到了很多关于鲸鱼的知识，我认为这点也很能体现包容性：有些孩子会很感兴趣而且很擅长，但有些孩子则不太感兴趣。还有各种各样的可能性。对我来说，这直击我的内心，因为我看到孩子们的热情是如何从无到有的，我认为这非常重要。从另一点来说……这也很有趣，因为老师不会干等着，观察到底会有几个孩子产生兴趣，他们想："好吧，让我们来做这件事，但孩子们需要参与其中。"

用瑞吉欧教学法的术语来说，该案例诠释了"激发"这个教学概念，即教师给孩子们讲一个故事，但允许孩子们进行开放式思维拓展，这个故事的走向是由孩子操纵的。整个幼儿园都充斥着一种兴奋感，其持续时间远远超出了教师的预期，故事走向也是意想不到的。师生都能充分发挥想象力。持续的时间比预期要长，这表明教育者在对幼儿时间安排上的能动性比较自主。这个项目的计划结束时间重新进行了协商。在整个项目中，多角度倾听的特点十分明显，因此天马行空的想法才会无穷迸发。

慢实践具有联系性和包容性，这个故事项目为孩子们培养了一个共同的兴趣。这里有另一个例子，说明分享故事有可能让所有儿童都参与进来，即使他们刚加入某个社团或国家；它不那么依赖于以前的知识和经验，而是积极创造新的纽带、共同的身份和共同的记忆。在克里斯·卡尔曼（Kris Kalkman）对刚来挪威的移民儿童在儿童教育机构中的过渡学习进行研究时，我明显感受到了提供机会去创造这种共同文化的重要性：一些孩子坚定地告诉其中一名新来的女孩"在这里，我们喜欢玩公主游戏"，以此来说明哪些故事是被允许的，哪些是不被允许的。虽然与整个班级的孩子们一起练习慢慢讲故事并不是实现接纳的必经之路，但仍提供了很多可能性。

　　儿童教育专业的学生可能需要对如何进行故事的慢实践进行训练。本章的第三个例子侧重于在儿童师范教育中开展绘本阅读的具体计划。

重读故事

　　在访问以色列特拉维夫（Tel Aviv）的教育学院时，我了解到了绘本重复阅读法。在这里，我与教育工作者交流了他们教学的工作经验。在就职培训中，我将重温故事作为教师倾听孩子和对话孩子的重点，讲述了如何与特殊儿童群体一起反复地重温故事。其中，一位师范学生讲马克·瓦德尔（Mark Waddell）的绘本《猫头鹰宝宝》（*Owl Babies*）的经历让我记忆犹新。故事中的3只小猫头鹰醒来后发现自己的妈妈飞走了，兄弟姐妹们都很着急，尤其是最小的猫头鹰，猫头鹰们想着可能会有事发生，不久后，猫头鹰妈妈回到了树上。在阅读和复述这个故事时，一群孩子向师范学生解释说，小猫头鹰在等待外出工作的父母，他们会回家的。孩子们将自己的生活与绘本故事联系起来，并分享了自己的经历。

　　在我对克洛迪·塔尔（Clodie Tal）的采访中，她解释道：

> 　　在这种情况下，如何专心致志、投入地读一本书才是真正的问题。老师们不理解于此，因为怕孩子无聊，想着不如自己把书读10遍，了解书的内容，然后再读给孩子们听……

其实你不需要准备任何其他东西。一方面，要慢下来读书。另一方面，慢下来读书才能读懂好书。孩子的天性就是阅读。除了书和孩子，你不需要别的，忘记时间吧。

学生们不停地问我一些问题，例如"我可以中途停下来吗？"……这不重要……只要孩子们能感兴趣，能看懂这本书。此外，孩子们还要将书中的内容和世界联系起来，这就够了。让我惊讶的是，这需要几个月的时间。这也是另一个启示：你必须给成年人时间。有时候，我对大人很不耐烦，对孩子却很有耐心！我意识到，我也得对自己的学生有耐心，让他们改变自己的观点是一个缓慢的过程，因为孩子的时间观念和我不一样……他们需要时间在自己的头脑中融入这样一种观念，即教师是有助于他们的健康发展和深度学习的。这样的话，你再同孩子们一起慢慢学习、深度学习，所有的核心课程都能很好地完成。你可以使用任何文字材料，不管是小说还是为孩子们准备的科学类书籍。但要知道，孩子们需要一定的时间来思考，这与思维方式有关：人们需要一段时间才能理解某件事情的内涵，并且每个人的思维方式都不尽相同。我对我的学生采用的就是这种教学方法，以便真正了解他们是如何看待事物的。我也会了解在我教他们之前，他们是如何看待书本，如何看待任何理论的。这就是为什么我的教学进程非常慢。真的，非常慢。

克洛迪·塔尔

有句话给我留下了深刻的印象，即"要将书中的内容和世界联系起来"。这与支撑绘本阅读教学计划的两个基本教学理论有关。这种"生活–

世界"教学法，是受到马克斯·范梅南现象学教育学的影响，并借鉴了克洛迪及其同事的生态学教育学观点，经过深思熟虑，总结出来的一种比较灵活的教学法：

> 我们首先关注的是班级作为一个生活环境的特性及其各组成部分之间的相互关系，而不是一开始就把重点放在学习过程上。因此，我们根据布朗芬布伦纳（Bronfenbrenner）等人的生态发展教育观，认为人是一个从一个环境移动到另一个环境的个体；他们是带着经验之谈、已有认知、过往记忆的，懂得一些应变技能的。此外，学校是师生生活、交流、探索、学习和发展的重要环境；然而，他们在学校的经历是嵌套在他们在世界的经历之中的。按照范梅南的方法，我们得出结论，学习和教学只是教育实践的一个方面；孩子们之间的人际关系、孩子们与教师和教职工之间的人际关系、孩子们与其家长之间的人际关系可以被看做是任何学前班或幼儿园的一种"基础设施"。
>
> 塔尔等

放慢语速，复述绘本故事，有助于孩子将故事内容与世界联系起来，也有助于教育工作者倾听孩子的声音，察觉到孩子的看法。在"绘本重读项目"（RPBP）中，我们看到的是一种慢慢讲故事的方法，该方法有助于分享所见所闻。

第 **9** 章

讨论

"无所作为"?

如果采用慢速教学法让孩子们长时间听故事，孩子们会不会感到厌倦？这是本章提出的问题之一。对此，我的回答是，我认为这在一定程度上取决于教育者在整个过程中的作用，他们要善于发现儿童当前的兴趣所在。正如我们在"直升机故事"教学法中看到的那样，以儿童自己对故事的讲述和表演为基础，是确保儿童主动而非被动的方法之一。

我又回到了我在第4章中首次提出的关于慢实践的一个更深层次的问题，这个问题并不局限于故事本身，而是关于儿童成为"旅客"以及"偏离正轨"的可能性。慢速教学法是否意味着教育者"无所作为"？我在访谈中多次提到这个问题。克洛迪·塔尔指出，这种误解早在几十年前的以色列就出现过：

> 这是对慢速教学法的误解之一。事实上，我在21世纪初与3个社会经济地位较低的社区合作了2至3年。我们和一位校长一起进行了在职培训。当时我学到的是，至少在以色列，教育者会把慢速教学法理解为什么都不做，这是因为他们不知道自己在做什么，也不做观察。尽管看上去自己忙碌地做了许多。所以说，一味地强调技能、固执地让孩子们学习是不好的，但什么都不做也是不好的。慢速教学法针对的是一种更复杂的情况。
>
> 克洛迪·塔尔

赫克托等人（Hackett）展示了在博物馆和画廊等空间与儿童交流时

161

要学会包容：

> 学会包容要求我们能预测儿童的兴趣所在，但同时又能
> 对当下出现的意想不到的思维方向或"飞行路线"瞬间做出
> 反应。

"瞬间"呼应了第8章中米切尔莫尔等人提到的对日常生活的无穷瞬间的关注。"要求"这个词表达了在向意想不到的方向发展时的预见性。这些特质与福禄贝尔的"引导下的自由"概念相吻合。上述描述抓住了其中错综复杂的平衡关系，而且证实了这种方法并不是"无所作为"。

选择谁的故事？

我们之前讨论了情境对于故事慢实践的重要性，以及有助于儿童思考生活和历史的联系。这就出现了"应该选择谁的故事"的问题，即故事是应该大声讲出来的，还是反复推敲以文字的形式出现？哪些故事应该出现在书架上？哪些生活经历能够被图文并茂地展现出来并受重视？

慢速教学法创造了时空，故事得以被看到，得以被重视，在孩子的世界中产生一些积极影响。克洛迪·塔尔在访谈中强调，慢实践的重要意义之一不在于其结果是什么，而在于这种实践有助于社会公正和儿童权利发展，并解决不平等问题：

> 我向学生们介绍这种慢实践时，我不想只谈慢实践，而
> 是想帮助他们理解什么是好的教育，什么是儿童的权利。我
> 非常担心那些在家接受良好教育的孩子与那些没有接受过良

好学前教育的孩子之间的差距，学前教育虽然可以慢慢来，但必须是有意义的。这就是为什么我说的是有意义的学习、深入的学习，而不是不在意、不作为。慢慢来是一个重要特点，是有意识地去做、尊重规律、包容变化、长期投入学习的基础。实际上，我谈论的是内部关系、深入学习、有意义的学习、缩小说和做之间的差距。

克洛迪·塔尔

总结

本章先探讨了慢慢讲故事是什么样的，以及谁可以从中受益。我们看到，读故事可以多样化地"延长时间"，能让师生共同享受其中。在儿童深入探索故事的过程中，"与孩子们在一起"有助于他们在初读和听故事之外，创造出新的故事。这种教学方法注重联系性和潜在的包容性。本章所讨论的例子主要集中在教师、儿童身上。这种慢速教学法不受正式环境的限制。随着时间发展，家长和其他家庭成员可能会发现其他方法也可以"慢读一本书"，也可以多样化地探索孩子们自己的故事，这样的话，有助于发现孩子们读的故事和生活之间的联系。

问题

1. 在你看来，慢慢讲一个故事在时间上的最大挑战是什么？

2. 如何慢读一本书？我们可以从儿童身上学到什么？

3. 你如何避免"慢"可能会带给儿童的无聊感？

研究与实践中的慢倾听

简介

在当前研究背景下，本章基于对儿童的倾听的关注，探讨倾听、教学研究、教学实践中的时间观。所讨论的观点建立在前面各章的基础上，尤其是慢实践之教学档案。本章介绍了在儿童教育中慢实践的不同研究方法和途径，以及如何以特定方式"承载"时间："故事在不断迭新，联系也在不断更新，这打开了研究的空间，如果我们放慢脚步，用这些精彩的故事（数据）进行实验，就会有新的东西出现。"这种"慢下来"的例子有很多，例如通过视频反思进行慢倾听，以及深度倾听之后再交流。首先，我将从时间的角度来审视马赛克方法（Mosaic approach）。

用马赛克方法进行慢倾听

自1999年与彼得·莫斯开始"儿童之声"的研究以来，我一直尝试用各种模式倾听儿童，这也是我研究的中心。这项探索性研究促成了马赛克方法的发展，并促使我更多地去思考慢实践和慢知识。

　　马赛克方法融合了多重视角和研究方法，促进了人们对儿童日常生活的理解。这些认识基于儿童个人或小组，从而形成个人和共同的叙事，其价值观是以积极和包容的儿童观为基础的。马赛克方法采用一系列以艺术表达为基础的语言，以避免依赖口头和书面语言来倾听儿童。

克拉克

马赛克方法是一种融合了多元方法、多重声音的探究方法，其中包含了慢实践。在实践中应用多元探究方法，要比仅用一种探究方法投入更多时间，特别是当这种方法可以立即在实践中应用，并且有预设的时间安排时。多重声音探究方法也需要投入大量时间，因为需要为以适当方式倾听各种声音做好准备。除了多元方法和多重声音这两个要素之外，参与者还可以在不同的时间间隔内重新进行档案记录。这使得马赛克方法与时间建立了一种缓慢而潜在的深厚关系，促进了慢知识的共同构建。

　　参与式视觉研究方法为儿童和成人进行其他形式的知识建构提供了可能，但是也给研究人员和研究受众带来了挑战。这些复杂的探索并不能快速解决"用户参与"的问题，但可能有助于儿童和成人、专业人员和非专业群体之间达成新的理解。或许，这可以被视为一种"慢知识"，它无法以相同的方式通过问卷调查来获取，但却有可能带来更多的收获和令人惊喜的结果。

克拉克

接下来将简要探讨为什么马赛克方法中的某些研究方法可以被视为慢实践，并促进慢知识的共同构建过程。

驻足观察

马赛克方法的研究始于一种叙述性的观察方式，为随后的其他倾听儿童的方法奠定了基础。叙述性观察法也依然存在于马赛克方法中，改编自彼得·埃尔费尔（Peter Elfer）和多萝西·塞勒克（Dorothy Selleck）的记录册或"幼儿园故事"，在一项对日托机构里3岁以下的儿童进行的为期3年的研究中得到应用。叙述性观察会放慢儿童的节奏，并在事件发生时实时记录他们生活中最微小的细节；在倾听和观察幼儿园中最年幼的儿童以及有特殊需要的儿童时，马赛克方法的这一要素尤为重要。倾听儿童的一个重要环节就是观察，这要求我们全神贯注于正在发生的事情，全身心地投入那一时刻；如果不放慢观察速度，就很难察觉到孩子的情况。采用这种慢速观察方法需要有意识地调整时间观念，所选择的观察类型将影响观察者与被观察者之间关系的节奏。

减速与加速

在观察的基础上，马赛克方法中另一种潜在的慢实践是让儿童带领大人参观。在这里，大人根据儿童的步伐调整自己的速度，以此作为一种倾听的方式。儿童需要带领大人参观，并通过谈论这些地方、拍照或画画的方法来记录"重要"的东西。在导游的带领下参观意味着大人无法控制活动的节奏。例如，孩子们可以停下脚步，仔细观察一棵重要的树，也可以加快步伐追赶朋友。这个方法最初是基于国际发展协会的一项技术，目的是倾听当地人对其所在地区的看法：

参与式乡村评估（participatory rural appraisal）中使用
的样带行走（transect walks）是一种从当地居民那里收集有
关环境详细信息的方法：在当地向导和分析人员的带领下，
系统地走过一个地区，观察、询问、倾听、讨论、学习。

克拉克、莫斯

下面是我的第三项研究"生活空间"中的一个例子，这是一项针对3
至8岁儿童重新设计儿童教育环境的纵向研究：

朱尔斯带着我和他的一个同龄人，同样4岁的海伦一
起参观了幼儿园。孩子们负责拍照记录。这次朱尔斯用
的是数码相机，他边拍边看。我用了一个"脚踏石"模型
（"stepping stone" template）记录下了我们在游览过程中停
留的地方，以及每张照片中的地点和当下的随记……这是一
个快速记录的过程，需要跟上孩子们的参观速度。海伦和朱
尔斯还随身携带了一个数码录音机，以便对谈话内容进行记
录。参观活动进行了15分钟。

克拉克

与儿童一起散步和交谈时会发生一些特别的事情，但这并不一定是幼
教日常实践的一部分。它可能是"中间"时刻之一，在这一时刻，师生进
行交谈，使师生关系更为亲密。爱玛·戴尔在一所小学担任6岁儿童的阅
读导读师时，谈到了与儿童散步和聊天的意义：

我有一个小房间，在学校的最顶层，那是一座爱德华时
代的老校舍。和我一起工作的孩子们则住在操场上的一个活

动房屋里。因此，实际上，我不仅要花时间教"课堂上的孩子们"，还要花5分钟到10分钟把他们带出教室，带他们到处走走。这也是其中很重要的一部分，你知道，我们在去教室的路上与他们交谈。我们可能会带着他们绕一点路，走不一样的路，也有点像是在安顿他们。以上是一种慢实践。

爱玛·戴尔

散步也可以是艺游志中的一种研究调查形式，这种方法将艺术创作、研究以及艺术和教育中的教/学实践结合在一起。这种角色的结合模糊了艺术家、研究人员和教师之间的区别。当以这种方式散步时，脚步自然会放慢，形成共同的节奏。

特里格斯等

放慢谈话的语速

运用马赛克方法，促进了研究人员或教育工作者与儿童之间的交流对话，例如让孩子们制作地图，或者带领大人参观一个地方。不过，为儿童创造机会，让他们参加有关研究主题的简短访谈似乎也很重要。因此，在我的第二项研究"游戏空间"（spaces to play）中，我与儿童和教育工作者一起研究了户外游戏区的变化。访谈的重点是儿童对当前环境的看法和体验，以及他们对如何改善环境的意见。大人需要放慢儿童的节奏，并努力全神贯注地倾听儿童的谈话。本章稍后将探讨倾听谈话的另一种形式——会话分析。

用视觉图像放慢阅读速度

利用视觉图像，无论是照片还是绘画，都是运用马赛克方法的一个重要的多模态元素（克拉克）。正如库克（Cook）和赫斯（Hess）所描述的，这是放慢"大人急于决定"的方法之一。地理学家吉莉恩·罗斯（Gillian Rose）指出了视觉批判中4个产生意义的场域：生产影像的场域、影像自身的场域、影像流通的场域和影像受众的场域。因此，在使用马赛克方法的过程中，首先在拍摄图像时可能会放慢速度（或者像我们看到的那样加快速度），但在拍摄图像的过程中，随着时间的推移还在发生着其他事情。莱娜·马格努森（Lena Magnusson）在对儿童摄影进行研究时，描述了时间是如何被消解的，在那里，线性时间被打破了。马格努森将照相机描述为"记忆制造者"，因为摄影就是以这种方式发挥作用的，与摄影者的年龄无关；但对于儿童来说，它是一种非常强大的工具，因为他们在记忆制造方面能利用的其他可交流手段很少。例如，在与"游戏空间"研究中的一名4岁儿童里斯（Rees）合作时，里斯表示很高兴能将户外游戏空间中的重要时刻拍摄下来。这种捕捉每段记忆的喜悦似乎特别令人感动，尤其是里斯在幼儿园的正式环境中还不能用语言表达想法的时候。

我最近与玛丽·彼得斯沃尔德和索尔维格·诺德特姆在挪威合作开展的研究"儿童的摄影表达"的重点就是儿童摄影作为记忆载体这一概念。我找到了幼儿园毕业年级（5岁）的儿童，我们问他们："你们想拍点什么来纪念幼儿园的生活呀？"孩子们会选择自己做的手工、朋友的特写照片以及他们一起玩最喜欢的游戏的"有故事的地方"（storied places）。卡伦·霍斯利则通过进一步探索儿童的"智慧和直观摄影"（wise and intuitive photography），以研究有移民背景的孩子如何记录自己的家庭生活。

马赛克方法中的时间维度帮助我们重新审视目前的档案记录，例如，审视那些基于照片和图画，由个人或小组合作创作出来的地图和图像。"然后儿童和大人回顾、反思、讨论和阐释创作过程，以产出创作意义。"创作与回顾之间的间隔可能是几天，也可能是几周甚至几年；就"生活空间"研究而言，这是一项为期3年的研究，其中有让儿童参与规划和反思学习环境的活动。可视化记录以无障碍的方式为重新审视创造了一个平台。

我对研究中慢实践的思考由来已久。当我开始撰写"生活空间"研究报告时，我越来越被空间与时间之间的关系所吸引。萨米娜（Samina）是我的研究对象之一。这项研究跟踪了在学校内建造新幼儿园的项目过程。萨米娜那时4岁，是班级中年龄最小的儿童之一，英语是她的第二语言。当我第一次见到萨米娜时，她显得有些害羞，但对照相机很感兴趣。在我问她"你能告诉在这里对你最重要的东西是什么？"的时候，萨米娜想要通过拍摄照片来回答我的提问。她在照片中拍摄了一大片天空，边上是学校的建筑，而我在照片的一角。"是关于天空的吗？"我问，萨米娜摇了摇头。我犹豫了一下，又大胆地问道，"是关于飞机的吗？"因为云层中出现了一个小点，像是飞机的轮廓，而且飞机经常在学校操场上空盘旋。萨米娜点点头，于是我在她的照片集里加上了"飞机"的主题。

两年后，新幼儿园落成，我再次来到学校，见到了萨米娜和她的同学们。萨米娜现在已经6岁了，她又参加了一次由儿童带领的参观活动，向我展示了什么对她很重要。令我惊讶的是，萨米娜又拍了一张天空的照片，并把这张照片作为她选择讨论的图片之一。我们坐在一起，看着我在第一阶段研究期间制作的她的原始摄影集，以及她的新照片：

研究员：两年前你拍了一张飞机的照片，这次你也是想拍飞机，是吗？我觉得你可能喜欢飞机，但我不确定。

萨米娜：我……我爱……家，我喜欢……孟加拉国……国家。

研究员：哦，是的，那是你的国家，所以你喜欢飞机。啊，我懂了飞机可以飞往你爱的国家，这很有道理，是的。

克拉克、弗莱维特

罗西·弗莱维特（Rosie Flewitt）和我看了一篇关于能力与儿童的文章，再次对这一案例进行了思考：

这些照片被视为"留住了时间"，让萨米娜和研究人员能够穿越时空回到之前的讨论中。作为有形的人工制品的图像具有"力量、活力、时效性、可能性"。随着时间的推移，萨米娜根植于遥远地方的强烈身份认同感在人、材料、物品和地点之间的内在交流中变得显而易见……在英国上学两年后，她仍然珍视她在孟加拉国的家和传统文化，同时也珍视她在英国的家和学校。萨米娜展示了将这些多重身份不断结合在一起的能力，在这个操场上，她找到了自己孟加拉国身份的印记。

克拉克、弗莱维特

多年来，我还记得做过的一些研究，与萨米娜的聊天也给我带来了持续的情感波动。我认为，这是因为萨米娜有能力让别人倾听她，看到她创作的视觉图像。我进行这项研究的间隔时间较长，两次时间维度也不一样。同时，这也凸显了在英国的教育体系中，一个6岁的孩子能够重新审视两年前完成的"作品"，还有时间进行自我反思并与同龄人和成年人进行讨论，这是多么难得的一件事。

慢速教学法将从更长远的角度看待儿童的学习历程，并为儿童提供更多的机会来复盘和反思自己之前的叙述。

本章的第一部分从时间维度探讨了马赛克方法。现在，我将从我的访谈中举例说明在教学研究和实践中与儿童、教育工作者和儿童教育专业的学生进行慢倾听和复盘的不同方式，从而扩展我所提出的一些倾听形式。

用视频进行慢倾听

反思视频是一种记录日常生活片段，然后返回到"实时"片段中进行反思的一种有效方式，它所包含的技术能让我们及时暂停并讨论，从而有可能在参与者和其他人之间实现"多重倾听"（multiple listening）。在第8章的前面部分，我们提到了SOPHOS研究，它是在托宾（Tobin）及其同事利用"生活中的一天"（Day in the life）这一视觉研究形式开展的多项跨国研究之一，其核心是从多个角度记录和讨论日常生活的视频片段。

凯特·考恩向我解释了反思视频在她与罗西·弗莱维特的儿童游戏数字记录研究中的重要作用。该研究是关于伦敦3个不同的多元文化儿童教育机构中3至5岁儿童的案例研究，其中包括将英语作为第二语言的儿童。凯特首先讨论了她们最想研究的儿童群体：

> 一开始，我们向老师询问班级里哪些孩子一直是受关注度最高的，哪些孩子受关注度较低，以此为基础，我们对每个环境中的儿童进行个案研究。不过，我们也发现了一些有

趣的特点。受关注度高的儿童往往非常自信，非常吵闹，他们通常以英语为母语，会寻求大人的关注和互动，通常喜欢参加……安静的室内活动……他们是明星儿童，很容易受到关注，你也总是能注意到他们；他们会带着学习的宝藏来找你，因为这些孩子的身上到处都是好例子。因此，我们把重点放在了与之相反的孩子身上，他们的受关注度较低……思考为什么会出现这种情况。这些孩子的特点往往是比较安静，也可以说是害羞，他们通常把英语作为第二语言，或者处于学习英语的早期阶段；他们并不太寻求成人的关注，通常选择在户外进行相对活跃的游戏。他们被视为"低调"的孩子。

凯特·考恩

我认为，"低调"这个词很能说明问题。丽兹·布罗克（Liz Brooker）在其著作《开始上学：儿童的学习文化》（*Starting School: young children's learning cultures*）中重点介绍了一些儿童，他们的文化资本（布迪厄）与课堂所学的知识相悖，他们的技能和知识有可能在学校环境中得不到认可或被忽视。凯特继续说道：

因此，我们把重点放在受关注较低的儿童身上。他们是每个环境中的个案研究儿童，我邀请教育工作者用视频记录下他们的游戏环节和游戏瞬间。然后我们一起回看这些录像……我注意到最近关于反思视频的一些评论，其中有不少是关于时间的。他们说，"这让你的思考变慢了"，"你有时间更深入地思考"，"这是一个更全面的视角，有时间思考更多的事情"，"稍后再看，就会有不同的感受"，"我认为当你回过头来看的时候，能看到更多东西"；他们似乎感觉到，视频有助于他们更缓慢、更仔细地观察，并以不同的视角看待孩子们。

凯特·考恩

在这里，我们可以看一个例子，即花费时间看游戏环节的视频是怎样成为一种有价值的慢实践的。上述评论表明，看视频缩短了教育者的思考过程。克里斯蒂娜·麦克雷（Christina MacRae）通过慢镜头查看视频片段的方式，进一步探索了视频的意义。在这里，数字技术为慢实践开辟了新的途径。

凯特接着讨论了视频如何适应多模态分析，这种分析关注交流模式，而不局限于口头语言：

有几个例子是这样的：我以为那个小女孩只是站在后面，不是很投入，但实际上我现在看的时候，我发现她在看她的朋友，当她的朋友做游戏的时候，她也加入进来，所以她在模仿她的朋友，诸如此类。因此，老师通过使用视频，可以回过头来质疑并重新审视你在一瞬间做出的那些断章取义的判断。这似乎是一个很有用的工具，可以让人们放慢脚步，关注那些在繁忙的课堂上很容易被忽视的瞬间。我认为视频很有趣，特别因为它是一种多模态记录。我感兴趣的是，当你进行即时快照观察（根据比喻的定义，这是非常快速的，一瞬间："明白了"）时，你能在便签纸上捕捉到的东西，和你通过更深入的观察方法捕捉到的有什么不同；毕竟第二种方法虽然会花费更多的时间，却能让你看到儿童在游戏和学习中的一些动作、手势、面部表情等难以用语言描述的微妙的东西。因此，我认为在这种情况下，录像是一种更民主、更公平的观察和倾听方式，也是一种……试图重视所有儿童学习迹象的方式，而不是只关注那些能够以特定方式展示其学习成果的明星儿童。

快照观察法是指将内容记录到便签纸上，另一种更深入的观察方法则是运用视频手段，即回放、观看、暂停视频，凯特将这两种方法进行了对比。然而，定期采用较慢的观察和反思方法所面临的最大挑战是需要优先安排时间。凯特介绍了一些教育工作者为应对这一挑战而采取的策略：

> 但我们面临的挑战是如何找时间回看这些视频，因此我们将其作为研究的一部分。学校非常慷慨，愿意花时间和我一起做这件事，毕竟我们得承认，定期观看大量视频是一件非常棘手的事情。他们自己为此制定了相应的策略，有一所学校的人就说，"我觉得我们应该把它用在那些被忽视的孩子身上，也就是说，如果我们想更多地了解一些特殊的孩子，就可能会有目的地把它用在他们身上"……学校想出了一些办法进行视频反思：相较于一直使用这种方法，他们有目的性地使用它来观察特定类型的游戏或特定的儿童，以尝试和培养那种像慢速观察一样的观察方式。
>
> 凯特·考恩

使用视频或静态摄影作为慢倾听的工具，可能会"扰乱"当下。这两种方式都会引发伦理问题，这些问题包括：谁掌管摄像机或取景器？谁选择或编辑那些被认为是重要的内容？谁是图像的受众？如何观看图像？图像如何传播？

缓慢而深入地倾听谈话

本章的最后两个例子将探讨如何倾听儿童对话。第一个例子是关于"会话分析"。第二个例子是关于参与式教学法（Pedagogy-in-Participation），该教学法将深入倾听儿童，由此作为实践的核心。这是在我前面关于慢速教学法中"深度求索"和"教学档案"概念基础上提出的。

我们从阿曼达·贝特曼讲起，她讲述了自己如何在新西兰对幼儿园的孩子进行会话分析，以实践慢倾听教学法：

> 我认为教师总是在做的一件事就是"上课"。他们一进入课堂，就会立刻开始谈论一些事情……这就是会话分析的用处所在，你可以将听众或受众视为"会话接受者"，了解他们的知识水平，然后根据他们的知识水平和理解能力来调整你说的话。举例来说，我会和你谈论关于儿童的概念，是因为我知道你能听懂，而我和我丈夫则会以其他方式谈论这些概念，人总是在根据受教育者的情况改变其说话的方式。因此，在教师教学中，我认为会话分析是相当关键的；你知道孩子们可能已经知道这件事了，所以你不会停留在仅仅教授和谈论层面。

> 阿曼达·贝特曼

为了自然地和谈话对象交谈，你需要花时间去了解你的谈话对象已经知道了什么。爱玛·戴尔在"阅读修复计划"的前两周也提到了类似的原则，即"在已知范围内遨游"。

阿曼达为她教育专业的本科生设计了一项反思性实践作业，让他们在二年级实习或实践课上完成：

> 我让学生们走出去，录制一段他们与儿童交流的视频……时间为1到3分钟，这样的互动比较简短。我建议他们带上一件物品或者谈论一件孩子感兴趣的物品，这样的话就会和孩子们有话题可交流；我们会将互动过程通过音频或视频录制，如果是年龄较小的孩子，我们尽量选择录制视频，因为对小孩子来说身体表达非常重要；回去后，我们用文字记录下视频中与孩子的交流过程。我的建议是，只需记下孩子们轮流发言的顺序，是否有长或短的停顿，然后根据孩子所说的话和学生对孩子的回应进行分析，并将其与教学互动方面的文献结合起来；因此，书面报告可以分为"我们谈了什么？"和"我们是怎么谈的？"最后是一个详细的反思部分："我在今后的实践中会有什么不同的做法？"学生们在做这项作业时总是说："我没想到我说了这么多！"或者"我完全没有倾听孩子的想法，而是把话题带到了一个完全不同的方向！"诸如此类的话。每年，他们都会说："如果是老师你把录音转写下来，然后给我反馈说你需要这样做，我是不会听的；而这次正因为是我不得不亲自审视它，剖析自己的做法……"这真的很有效。

学生们在这一过程中参与比较积极，是学习过程中至关重要的一部分。阿曼达继续说道：

他们必须自己动手，反思自己的实践……我认为这是一个很好的例子，解释了如何让学生意识到与儿童的交流应该多么缓慢、多么深入，以及作为一名教育工作者，思考每次和儿童交流时要如何引导他们。不仅在大学里，离开学校后这些知识会继续引导你思考、反思如何与孩子们互动、如何与孩子们交谈，这真的很有用。

阿曼达·贝特曼

在师资教育中，以这种方式进行会话分析是一个积极的过程，它证明了慢下来认真倾听儿童声音的重要性，不仅要倾听儿童在说什么，还要倾听作为教育者的我们所提问的问题，以及短语和手势会如何影响对儿童的反应。

我在采访的最后选择了一个关于慢下来、深入倾听儿童声音的例子，因为这个方法基于实践：

参与式教学法是一种全面综合的教学法，其重点是通过意向性教学，使儿童和教育工作者共同参与到构建学习的旅程中，从而在日常教学中真正让儿童得以落实权利的行使。

奥利维拉-福莫西奥、德索萨

朱莉娅·奥利维拉·福莫西奥与我讨论了她与若昂·福莫西奥（João Formosinho）在葡萄牙共同开发的参与式教学法模式，以及这种模式与慢实践的关系。在这种教学模式中，教师会倾听每个儿童的声音：

朱莉娅：回顾历史，人们对慢实践的理解似乎与参与式教学法有关，这种教学法希望儿童真正参与到教学中，拥有发言权。但是发出声音需要时间，记录声音需要时间，协调发言也需要时间。例如，我一直在关注一些我认为做得很好的教育工作者。我会与孩子们坐在一起，看看这些教育工作者是怎么做的。他们会在周五问孩子们："我们这周过得开心吗？我们下周想要做些什么？我们达成了哪些妥协？哪些妥协想要庆祝？我们下次该怎么做得一样好？"等等，所有这些都需要时间。

艾莉森：可以请你多解释一些关于刚才提到的"妥协"吗？

朱莉娅：当然。因为在参与式教学中，我们会有一些交谈，其中很多时候是坐着聊的。我们希望教育工作者可以享受工作，所以需要提醒大家注意的是，教学法只关注对话，而共享式对话关乎生活，合作式对话关乎学习等，因此不要太在意对话的技巧，而是去享受你与孩子、整个小组乃至许多小组进行交流的乐趣，去"感受"那里的一切，并试着在课程、国家指导方针和孩子们的梦想、计划、意愿和愿望之间达成妥协。因此，不要非此即彼，而是尽量在两者之间达成妥协。

朱莉娅：知识需要交流，需要正常的交流，需要同人交流。当然，交流也需要知识，但是……这是一种教学技巧，还是想要大家坐在一起，相互倾听，相互对话呢？这对我理解慢知识是非常必要的，没错，很有必要。个性化与个人生活之间的博弈，个人梦想与集体梦想之间的博弈……当进行集体合作时，速成课是最高效的，这是所有课堂的教学秘诀。但参与式教学法既用于个人，也用于集体；既能倾听集体，也能倾听个人的声音。该教学法能涵盖个人、小组到集体活动。

朱莉娅·奥利维拉-福莫西奥

这种教学法植根于群体关系之中，是动态的，在儿童个人、小组以及更大的儿童和成人群体之间流动。真诚和"接地气"是这种教学法的核心。向孩子们提出的问题"我们这周过得开心吗？"是回顾并分享过去生活的一部分，而"我们下周想要做些什么？"则可以让儿童参与到活动中；但这种倾听也现实地反映了作为一个学习共同体所受到的限制，以及所做出的妥协，即"试着在课程、国家指导方针和孩子们的梦想、计划、意愿和愿望之间达成妥协。因此，不要非此即彼，而是尽量在两者之间达成妥协"，这种妥协可能适用于许多情况下的慢速教学法。

讨论

"过去、现在、未来"

在儿童教育中，倾听、教学研究、时间概念的重合点是与师生关系有关的。我曾有幸作为研究人员参与了一项受资助的儿童历时研究。这为我与孩子们建立的关系赋予了不同寻常的时间维度。例如，他们与我共同建构对现有学习环境的看法时，我们每天都有密集的日常互动；过了一年多，我再次回到他们身边，倾听他们的想法，并重新审视他们之前的想法。在学校，不同层次的儿童之间是零散、纵向的关系，与教育工作者和其所在小组、班级或年级的儿童之间的日常相处形成了鲜明对比。然而，无论是纵向结构还是日常相处，参与其中的成年人都有一个共同点，那就是会思考如何看待与自己相处的儿童？这影响着我们认识儿童的潜力和他们的参与方式。贝丝·克罗斯（Beth Cross）在一项关于参与现象学的研究中，借鉴了巴赫金（Bakhtin, 1981）和伽达默尔（Gadamer）的研究成果，提出了一些问题。克罗斯的研究侧重于在小学和中学过渡时期年龄稍大的儿童，重点关注成人与儿童之间的对话，论证了"相对时间性"的重要性。克罗斯扩展了乌普里查德（Uprichard）关于儿童"存在"（beings）和"生成"（becomings）的概念，阐释了儿童和成人的生活经验是如何影响日常生活的。她提到了3种关于时间的观点：儿童是作为存在、生成和"已知"的统一体。她问道：

> 我们是否允许自己置身当下？我们是否意识到自己还有待学习或成长的空间（成人）？我们如何传达先前的经验或平衡现在的经验（人的过去）？在现在、未来和过去，我们如何认识和回应年轻人自己的立场？我们是否足够重视年轻人过去的经验和他们对这些经验的诠释？这些问题都属于相对时间性问题，它们关系到我们如何在时间的流逝中体验和定义自己，以及我们如何在时间的流动中评价他人。上述考虑因素最终会转化为我们需要分析的主要问题：时间感如何影响实践者对儿童项目的认识？
>
> 克罗斯

在儿童教育实践中这些问题也对师生间的交流提出了挑战，例如，"我们是否足够重视儿童过去的经验？他们如何利用这些先前的知识？"本章讨论的一些方法提供了一些思路，但"给予重视"强调不局限于倾听技巧或工具，我们要考虑赋予这种经验何种地位，以及可能带来的变化。我将克罗斯的另一个问题重新应用到儿童教育中："我们如何在时间的流逝中感知自我和定义自己？我们如何在时间的流动中评价他人？"对此我的理解是，我们的过往经历和对未来的期待会影响我们的自我意识，影响我们与儿童相处的状态与方式，影响儿童的参与度。正如克罗斯提醒我们的那样，权力问题和暂时性是紧密相连的。也许这就是为什么"纵向"教育者会提出这一概念，因为无论教学关系持续多久，他们都能在儿童身上看到过去、现在、未来重叠在一起。

总结

本章探讨了在教学研究和教学实践中，与儿童的慢倾听有关的各种时间维度。我们看到，在对话和图像创作的过程中，视觉化、参与式的教学法，是如何在包含不同时间尺度的情况下将各种独立的教学方法结合到一起的。在向儿童教育专业的学生介绍会话分析的例子中可以看出，关注口语和手势互动所取得的价值与使用可视化数据的优势并存。但是，本章讨论的例子是通过儿童与成人、研究者与教育者之间的生动关系来体现的；这些关系具有时间维度，我们如何看待儿童的过去、现在、未来，以及什么被认为是当下有价值的东西，都会对这些关系产生影响；我们如何在研究和实践中构建我们自己的过去、现在、未来，也为这些关系增添了一层含义。

问题

1. 使用可视化教学法可以在哪些方面落实教育者对儿童关注点和兴趣的猜想？

2. 在使用多元化和多模态化的方法时，你如何证明所需的时间是合理的？

3. 在研究和实践中，如何通过慢倾听关注到不同孩子的需求？

第三部分探讨了下一步该走向哪里。我们不满忙碌的教育现状，提出了全时教学方法，这种方法可以为儿童提供一种更加持续的、以游戏为中心的教育方法。

"缓慢而有耐心"的教学方法是什么样的？放慢脚步、以长远目光看待教育会遇到哪些挑战，会为儿童带来哪些改变、影响？

前进

重新思考

简介

　　最后一章将回归对时间、实践以及两者关系的思考，并探讨儿童教育的目的。基于之前的章节内容，我重提"全时时间"这一概念，并回顾以下论述："我们体验、命名和解释时间的方式影响着我们所想象和所居住的社区类型。"在教育中，实践必然同时间联系在一起。例如，学校或幼儿园的限制、家长和看护人的日程安排以及每天必须进行的例行活动。这并不是要否认时间的重要性，而是要更有意识地利用时间，意识到在儿童教育中不同的时间处理方式会促成什么或限制什么，并明确提出可能的替代方案。我要强调的是，既要谈时间，也要谈速度。要说明的是，思考如何实现"慢"确实是一种替代方案，但随后我们要问的是：慢实践会营造出怎样的群体？因此，正如第8章谈到的例子一样，我们在放慢用餐速度以及重新安排空闲时间的时候，到底会产生什么样的效果？慢实践不是孤立的，它还伴随以下思考：这场实践到底会带来怎样的教学变革？

全时教学模式

全时教学模式包含以下几个内容：共鸣，倾听，对抗、长远思维。

共鸣与倾听

在这里，我要重提哈特穆特·罗莎书中关于社会加速和升级的思考，以及他提出的共鸣理念，这些内容均在第1章中有所论述。罗莎认为，解决社会加速问题的办法不是减速，而是共鸣。在讨论课堂中的人际关系时，他提出了一个理想的学习环境：

> 在课堂里，"有振动特性的材料"令在场的所有人都能参与其中，形成一张共鸣网。在这种情况下，全神贯注和积极的情感参与便显得至关重要，同时，教师在推动这一过程的发展中有着不可替代的作用。

这是罗莎在共鸣空间论述中的一个例子。伊塔洛·卡尔维诺（Italo Calvino）的《看不见的城市》（*Invisible Cities*）中也有这样的隐喻，共鸣空间这个意象正同它相关。

无形的联系

> 个人在早教机构的重要性令我印象深刻。孩子们通过个人的照片、对话以及自己绘制的地图，借助一些道路指引和路标，展示了其周围环境中的人、物以及所处地方的关系。

如果学校或所处的环境中有他们的兄弟姐妹，或是有许多他们熟悉的物品、环境，这些联系就会变得复杂。意大利作家伊塔洛·卡尔维诺曾描述过一座想象中的城市艾尔西里亚（Ersilia），在这座城市里，人与人、人与地方之间无形的联系变得清晰可见：

> 在艾尔西里亚，为了建立起维系城市生活的关系，居民们从房屋的角落里拉出不同颜色的线绳，这些线绳有白色、黑色、灰色或黑白相间的颜色，分别对应着血缘关系、贸易关系、权力关系和代理关系。当这些绳索太多导致居民们无法再在其中穿行时，他们就会离开：房屋被拆除，只余绳索以及支撑物。

在结束对无形联系的思考时，我提出了这样一个问题："如果这些关系变得清晰可见，学习群体会是什么样子？"

这幅图画让事物之间的联系视觉化，深深吸引了我。作为一名视觉艺术家，我曾用绳子制作过装置作品，例如会沿着砖块上的旧钉子和钩子在建筑物周围编织一张网。想来卡尔维诺的这幅图画和儿童环境有一些相似之处。在马赛克方法的第一项研究中，我就认识到了这种相似性。当时3岁的加里（Gary）带我参观了他的幼儿园，告诉我什么是最重要的。他很快就带我去了幼儿园的一侧，那里都是最年幼的孩子。在这里，加里给在外面玩耍的弟弟拍了一张照片："从他们的互相问候明显能看出彼此之间的亲密关系。"

因此，儿童与兄弟姐妹或朋友之间有一般的联系，也有无形的联系。一般的联系可能代表教育者、家长和不同儿童群体之间的权威或权力等级，这取决于他们在群体中的地位。一些联系很有趣，具有能动性，其可见性取决于教育文化环境。如果早教运用这种参与式教学法，儿童每天都能得以行使自己的权利，那么联系就会很紧密；传授式教学法则可能不利于能动关系的培养。

罗莎的"共鸣网"（web of resonance）强调了参与性元素："具有振动特性的材料令所有在场者都可以参与其中。"共振作为一个概念，旨在包容而非排斥。卡尔维诺的线绳强调视觉效果，但从罗莎的共振网中，我们更强烈地感受到这些连接是"有生命的"，充满了动感和声音。这些振动的电线代表着交流。对我来说，这就是倾听与学习社区中关于共鸣的重要性讨论相契合的地方，倾听是一种"全然临下"的实践。

在罗莎复杂的共鸣理论中，他确定了3个轴上共振关系的不同类别，包括与其他人共振关系的水平维度；与物质世界共振关系的对角线维度；以及与整个世界共振关系的垂直维度，例如通过精神、艺术、自然或历史实现共振。正是在与物质世界的对角共振关系中，罗萨将教育环境纳入其中，在教育主题与学习者之间建立起回应关系，即"世界的一部分……'会说话'"。

罗莎将共鸣关系与缄默关系（muted relationships）进行了对比。对缄默关系的一种解释是，在这种关系中，倾听几乎是不存在的，而解除缄默或找到联系则可以让倾听成为可能。"缄默"的儿童文化可以理解为这样一种概念，即儿童与成人之间、课程与儿童之间的联系非常脆弱。这种文化的特点是只采用传授式的学习模式，对儿童探索世界的观点和经验持有误解和假想。

将幼儿园视为一个共振空间，并和"倾听教学法"（pedagogy of listening）的概念相关联，这在瑞吉欧教育中得到了体现。卡丽娜·里纳尔迪对倾听教学法的解释让我想到了一个融合了参与、交流和关系等理念的共鸣空间。她还让我们直面时间问题：

> 倾听是时间，是超越线性时间的时间——一段沉默、停住、内在的时间。内在倾听，就是倾听我们自己，它是一种停住，一种暂停，作为一种元素，是由对他人的倾听产生的，但反过来，这也是由他人给予我们的倾听所产生的。

这种倾听的方式不受时间约束，里纳尔迪的观点"一段沉默、停住、内在的时间"，帮助我们理解什么是一段完整的时间，以及理解全时教学模式。里纳尔迪继续讨论孩子们在倾听和时间方面的能力：

> 他们拥有倾听的时间，这不仅是倾听本身，还是一个无聊、好奇、暂停、慷慨的时候，即等待和期待的过程。孩子们倾听生活的形形色色，也倾听他人（成人和同龄人）的声音。他们很快就会意识到倾听（观察，但也包括触摸、嗅觉、味觉和搜索）对于交流是多么重要。从生物学角度看，**儿童天生就喜欢交流，喜欢在关系中感受自身的存在，在关系中生活。**

古尼拉·达尔伯格（Gunilla Dahlberg）和彼得·莫斯在"争夺幼年"（*Contesting Early Childhood*）系列丛书中为作者里纳尔迪作序，讨论了这种强烈的倾听形式所涉及的伦理问题：

倾听教学法意味着倾听思想——儿童和成人的想法和理论、问题和答案；意味着认真对待思想并给予尊重；意味着努力从所说的话中获得意义，而不是先入为主地判定什么是正确适当的。倾听教学法将知识视为建构的、透视的和临时的，而不是用来将他者同质化的。

达尔伯格、莫斯

倾听教学法承认质疑的声音和不确定性的重要性，承认教育者能够从容面对差异和分歧。罗莎的共鸣理论中也有类似的观点，即总是存在矛盾的可能性，允许辩论存在，而非只有重复的回音。

对抗

重新考虑儿童教育的时间概念是一种政治行为。马拉古齐在1990年瑞吉欧国际会议上发表的演讲中指出了这一点的重要性：

时间问题是一个非常重要的问题；它本身就足以颠覆和彻底改变教育学和学校对时间的不尊重。玩耍的权利、闲暇的权利、工作的权利，总之是一种尽可能广泛的权利。

马拉古齐、卡利亚里等

本研究表明，在儿童教育存在一些慢实践，这些做法可以被理解为对时间驱动型、加速的和高度结构化教育的一种对抗形式。内森·阿彻（Nathan Archer）将这种反应称为"微对抗"："局部的、安静的、无形的但却是多重的"。麦克奈尔（McNair）和鲍威尔（Powell）借鉴情景批判教学法，认为"福禄贝尔派（Froebelians）是革命者，他们重新构想有原则、有创造力的解决方案，以应对教育阻力"。

麦克雷等人展示了博物馆和美术馆与有儿童的家庭之间对时间的新认识是怎样的：

> 提供可供冒险的安全基地，提供灵活性，但同时也提供了柔性模式和惯例，所有这些都成为包容的政治行为，确保时间以不同的速度和强度流动。

对抗是一个多层面的概念。采取全时教学模式，可以理解为在个人层面以及在学习和关怀关系中，以不同形式对抗机构，对抗更大的影响。上文关于"柔性模式和惯例"的例子与第8章中讨论的如何在日常中进行慢实践相联系：在日常的慢实践中，常常会有喘息的空间来适应儿童的节奏。这是对"时钟暴政"的一种反抗。正如我们在本书中所讨论的那样，在一些儿童教育环境中，强调倾听可能会被视为反主流文化的行为：反主流文化意味着一种逆流而上的方式。

在此，我想回到我在第1章中提到的格特·比斯塔的观点，他对学校的"急躁"提出了质疑。比斯塔扩展了"对抗"的定义，明确了对抗的经历是思考教育的目的及教育者和儿童角色的核心：

> 在这里，我们可以说，教育"工作"只有在经历了对抗之后才真正开始。毕竟，只有当儿童或学生进行反抗时，他们才是教育关系中的主体，而不是教育干预的（自愿的）客体。

比斯塔将教育描述为帮助儿童（或任何年龄的学生）找寻同世界的关系——将这种认知置于中间地带，即夹在儿童导向型教学法和学科导向型教学法之间——他称之为以世界为中心的理念。这为儿童和教育者创造了一个积极的角色。比斯塔解释说，对抗是为了建立对话，是与竞赛不同的。对话被理解为一个持续的过程。他提出，在遇到差异、障碍或其他诸如此类的情况时，有3种可能的走向，绝对点说，这些选择可以是：第一，继续挑战，直到障碍被摧毁；第二，退缩，躲起来；第三，与抗拒的事物接触互动。

> 因此，教育面临的挑战是保持（对话），并且正是如此，才在世界有一席之地。

这种"相处"呼应了西尔维娅·金德在第4章中关于慢速教学法"相处"的论述，并与青木泰德和范梅南的教学方法相联系。比斯塔提到了中学生使用耐磨材料的例子，认为这就是"相处"：

> 在自己与他者之间建立一种对话关系——在这一过程中，人们不仅会发现与所使用材料有关的许多事情，而且还会发现自己是否有能力建立和保持对话，是否有能力克服挫折，是否能够运用材料，而不是抵抗材料等等。

类似的例子还出现在儿童在工作室中与材料相处时。借助材料进行思考有助于理解对话，但还是会出现偏差，例如在讨论故事和情节时。

比斯塔进一步扩展了他关于教育的论点，将对抗与缓慢联系起来。正如我们在第1章中所看到的：

> 所有的事情表明，教育是一个需要耐心和毅力的事情，是一个需要时间和关注的过程。换句话说，在遭遇阻力时以及需要同世界、他者、不同事物"对话"时，没有一蹴而就的办法。
>
> 比斯塔

对抗与缓慢之间的关系引出了"耐心"概念。起初，我对这一术语与儿童教育相关性持保留意见。在阅读和讨论比斯塔的文章时，我的最初反应是把耐心和被动、屈服概念联系起来。耐心也许是一个不受欢迎的词，与前面讨论的匆忙文化格格不入。但耐心具有坚韧、执着、积极、勇敢的品质。在时间充裕的情况下，这种耐心是有用武之地的。稍后，我将回到"耐心"这个概念上来。

长远思维

我认为"全时时间"是一个多层次、复杂的术语，指从更长远的角度看待教育的目的、教育者的角色，以及儿童的过去和未来。这与对全球问题的长远眼光是相辅相成的。放眼长远体现了与时间的广阔关系；重视"此时此地"，深入关注当下，又能涵盖过去和未来：一种"此时此地"的方法。

我认为，要避免短线思维，站在更长远的角度看问题，是教育在这个时代和这个世界的当务之急。我作为一名教育者，从20世纪80年代中期开始在英国教书，随后又从事了几十年的教育研究工作，我的经验是，教育政策往往忘记或轻视过去，容易重蹈覆辙。关于什么是质量的循环辩论就是一个很好的例子。从更长远的角度看待儿童教育，记住儿童的天性、兴趣，如福禄贝尔实践，并继续探索其在今天的意义。这与我在第4章中谈到的环保主义者戴维·奥尔（David Orr）所表达的关于慢知识重要性的观点有关。在此，有一句话尤其值得重申："快知识总是新的，慢知识往往与过去的知识相连。"

长远思维可能会和主流文化格格不入，尤其是在即时通信和忙碌的社会的背景下。一些学者基于学科角度，将思维延伸到几个世纪或几千年。如今，这些学者也越发注意到短期主义的危险，尤其是在气候危机方面。正如我之前所讨论的，我是从两个不同的学科方向理解全时间概念的，一个来自神学，一个来自地质学。这两门学科都需要长远思维。

短期主义思维，其实也有助于思考儿童的过去、现在、未来。在"此时此地"的观点中，当下不会受儿童过去的影响，也不受他们规划的未来的影响，而是每个时间维度都得到承认和重视。这是在第10章中讨论的克罗斯的"相对时间性"的基础上提出的。

首先关注"此时此地"：我们允许自己置身当下吗？我们在本书中看到了许多例子，例如，户外实践、和材料相处、关注日常生活以及慢慢讲故事，这都有助于儿童和教育者沉浸于当下。

根据克罗斯概述的第三种时间立场，让每个孩子的过去清晰可见。因此，在儿童教育中，要对时间持有一种开放的观点，重新审视我们与时间的关系。

我已经概述了全时教学法中的关键点，包括共鸣、对抗和倾听、耐心和长远思维等概念。当下我们的教育忙忙碌碌，强调结果。而与之相对的便是用耐心筑起的学习环境。在这里运用慢速教学法、重视慢知识。正如我在本章中所讨论的，"耐心"一词体现了比斯塔对教育社会不耐烦的告诫，并强调要重申对儿童教育的看法。

用耐心筑起的学习环境，运用慢速教学法，并重视慢知识，有以下几点特征：

- 为儿童创造时间、地点和材料，让他们通过游戏探索自己的想法
- 创造机会，通过陪伴儿童、复盘教学档案，深化和扩展儿童的学习
- 留出时间，通过儿童各种表达性语言倾听他们的想法和经验
- 优先安排时间倾听来自家庭和同事的多种观点
- 敢于对抗发声，不怕遇到不确定性和差异，敢于挑战与教学原则不协调的政策
- 用长远思维思考：涉及儿童生活、教育等方面
- 重视"此时此地"：密切关注当下，根据孩子过去的经历和习得的知识、技能，思考他们的未来

全时教学法

在重新审视儿童教育的时间观概念时，有许多潜在的挑战需要应对，这些挑战将受到不同背景下政治、文化和政策框架的影响。正如第1章所讨论的，测量性文化可能会扭曲被视为对儿童有价值的东西，并可能会减少"非碎片时间"。我们已经看到，强调幼儿时期"入学准备"的教育政策表现了我们对时间观的前瞻态度，但这也让未来的重要性掩盖了当下的重要性。

正如彼得·莫斯所论述的那样，在重新确立主流话语的进程之中，会出现一些共同的障碍，而且有变革的历史先例：

我认为，如果我们要运用慢速教学法，我的感觉是，它的回报会更大，但也会更复杂。过去经常发生的情况是，当人们提出令人兴奋的新想法时，并没有得到必要的支持，因此，许多有进步意义的教育例子似乎只是昙花一现，因为它们的实现依赖于有个人魅力的领导者或一些特定的事件……

瑞吉欧教育法最重要的一点是，他们非常重视前提条件和支撑体系。可以说，他们想要探索的是慢速教学法，但他们强调的是"我们必须做些什么才能实现慢速教学法？"然后，他们设置了各种岗位，如教学人员、工作室人员，并安排教师结对工作等。因此，慢速教学法植根于深刻的实践，在某种程度上消除了"作秀"压力，并采取不同的课程评估方式。这是对教育和教育工作者的重新认识，是身份和主体性的改变，这样人们就会以不同的方式来看待自己，因为他们不是在工厂或企业工作，而是在公共服务机构工作，所以需要解决管理、身份认同和主观能动性方面的所有问题。

在此，我想强调的是，我们需要深入实践，以及得到支持，促进儿童教育采用一种与"慢而充分"的时间观念相呼应的方法。本书中提出的关于时间观的讨论并不是为了给教育者增加更多的压力。在讨论中，还有一些坚持不懈的声音，对基于快速获得、照本宣科和易于衡量的认识论提出质疑。其目的是以不同的方式阐述其他选择，并从细微之处入手，开始改变。

挑战在于被评判。挑战可能是家长会说，"哦，你为什么不在这个时候做这个？"你会再次受到家长的质疑，但如果你能和家人聊聊天，分享你正努力做的事情及其原因，情况会好一些。比如，你觉得孩子们每天都很匆忙，根本没有时间，但是孩子们也有压力，即使是很小的孩子也会有压力……

我认为最好的办法是与家长和教育工作者沟通，告诉他们你想做什么，以及这样做的原因。然后，也许可以创造一些空间，让儿童、教育工作者和家长能够聚在一起，做一些你们喜欢的事情……然后你们在一起喝茶，每个人都在慢慢地分享故事，没有人匆匆忙忙。将这些时刻与……"现在你有30分钟的时间，你要做的就是这个"进行比较……

塔米娜·沙扬

所使用的具体语言影响着沟通效果。慢实践这个短语是否有用，还是"不慌不忙"或"时间充裕"更容易理解？

我们所说的慢速教学法是什么意思？"慢"这个字并不能概括慢速教学法的丰富内涵。它没有让家长和家庭成员思考孩子们在这里要做什么，他们要慢慢地玩吗？

塔米娜·沙扬

我知道，在某些情况下，包括在英国，在与教育有关的方面，"慢学生"一词体现着历史遗留问题。在英国，"慢学生"过去曾被用作贬义词，指有学习障碍的儿童。我不认为这应该排除思考"慢"的重要性，但它确实强调了明确传达这种时间扩展性方法的必要性。

从师范教育开始，教育工作者阐明教学基础的能力至关重要。这本身就是一个复杂的过程，这不仅需要具备耐心，还需要包容反对意见。正如卡里·卡尔森所解释的那样，在教学变革方面，政治和个人是紧密联系在一起的：

> 我认为这与不同的层面有关。我们已经谈到了政治层面。我必须说，必须从政治层面改变他们对儿童学习或人们如何学习的认识，挪威已开始对此进行一些讨论，政治层面的改变是必要的。我认为，这与教师和工作人员如何看待他们的教学基础和教学环境有很大关系。他们如何以及在多大程度上了解自己的教学平台？另一个关键点是一天和一周的组织安排。你要意识到，你可以安排所有事情，但无法掌控时间。你没有时间让孩子们处于一种流动的状态，去探索和积累知识。如果你把时间段安排得很短，就一定达不到这些目标，因为"你必须吃饭""现在是水果时间""现在我们必须出去"……

卡里·卡尔森

我们可以再次看到，内部和外部的压力都可能成为改革实践的绊脚石。如果一个工作体系关注短期产出，那么用长远思维思考可能会面临一些问题。记者理查德·费舍尔（Richard Fisher）在麻省理工学院进修期间，发现了长远思维思考的障碍或"时间压力"。例如，习惯性实践和技术"超负荷"，这种技术只顾眼前，而忽略了更广阔的视野和更长远的目标。为了摆脱短期主义，费舍尔认为"我们必须重新评估衡量成功的目标"。他总结道："如果说我迄今为止在长远思维思考方面学到了什么，那就是这是一项集体协作的工作……"

因此，在本章的最后一节，我将简要讨论在儿童早期重新构想时间观念的一些可能性。

可能性

我希望本书所展示的是，在儿童教育中存在着许多不同形式的慢实践，可以替代快儿童和快教育者的形象。这本"可能性词典"并非详尽无遗。字典在发展，定义被争论，一些含义被淘汰，一些含义在增加。我知道有一些重要的语言是慢实践字典的一部分，但在这项初步研究中却缺失了。在此，我想提及的3个领域是：首先，与孩子一起参与音乐的无限可能性，其形式多种多样，可以打断既有时间安排，并将不同的节奏和情绪融入学习中。其次，我想强调数字游戏的潜力，它作为一种慢实践，以创新的方式让儿童跨代"相处"。最后，我提请大家注意当地儿童教育实践中有大量本土知识，这有助于同儿童共处探索时间。

共同构建慢知识

从前面关于挑战的讨论中，我们已经看到，在挑战主流话语的过程中，合作、沟通、给予和获得支持非常重要。这就强调了对慢知识的重视和如何共同构建慢知识。这可以采取多种形式实现，它可以被理解为"实践社区"，或者如彼得·莫斯所描述的那样，是一场对抗运动，为探索替代儿童教育主流话语的叙事方式提供了可能性，与时间的关系可能是对话中最不可或缺的一部分。在这项研究中，我接触了两种不同形式的专业合作网络。第一个是"伦敦重聚焦小组"（London Refocus group），这是一个由教育工作者组成的研究小组，其工作理念受到了瑞吉欧学前教育的启发，属于众多国际、国家、地区和地方瑞吉欧网络之一。"伦敦重聚焦小组"和许多专业团体一样，在过去的两年里，由于疫情的影响，不得不适应上网，但该团体的教学风格仍然以倾听为中心。"隐喻"是该小组近期研究的一个重点，在该小组中，在各种儿童教育机构以及公立和私立学校工作的教育工作者定期会面，分享教学记录，并思考孩子们的想法和他们取得的成果。

第二个是福禄贝尔网络。教学反思、合作与相互支持是福禄贝尔网络的特点，该网络遍布世界各地。福禄贝尔信托基金会提供培训、资源和研究机会，包括一系列"实践者补助金"。福尔柯克是苏格兰的一个地方当局，在那里有一个蓬勃发展的福禄贝尔网络，该网络得到了儿童教育学家的支持，将教育工作者联系在一起。这些例子说明了挑战主流话语的合作方法。人们渴望做些与众不同的事情，而这些事情有一个共同点，即重视当下，但也希望从更长远的角度来看待儿童、教育、未来；我们为重新审视各种观点留出空间，并为其复杂性喝彩。这是有无穷潜力的想法。

正如阿曼达·贝特曼所解释的那样，这些网络是教育工作者如何增强专业自信、挑战现状的范例：

> 因此，要能够为儿童的最佳利益据理力争。如果有人强硬地要求你做某事或质疑你的做法，你就有了"一篮子"的信息和知识去据理力争："这就是我这样做的原因。事实上，我也可以理解你说的话。"然后给他们展示实例，并论证这样做可以缓解加速学习带来的压力的原因。
>
> 阿曼达·贝特曼

本章的目的是设想一种全时幼儿教育和幼儿保育教学法可能是什么样的。我认为，这可能为共鸣、倾听、长远思维创造空间。

这条路并不好走，尤其是对于那些快文化的政策决策者来说，但我们仍有其他选择。

本书试图开始汇集目前可能分散的观点。我希望这项研究能够引起人们对儿童教育中的慢实践的关注，以创新工作方式，并展示树立多种时间观的可能性。

总结

最后，我要回到"慢下来"。慢下来可以是一种按下重启键的方法。它可以将注意力集中在孩子的天性、兴趣上，关注儿童日常生活的节奏，从而保护儿童的游戏和倾听时间。正如库法罗所说的那样：

> 儿童有充分的时间和空间进行探索，并以材料为手段，使更大的世界变得易于接近和驾驭 —— **充分放慢速度，从而能够尝试以各种方式感知、理解、扩展自己的世界**。

对"慢"的思考可以延伸到重新审视儿童教育的时间观念，以及重新审视其他领域，比如教育。例如，在高等教育中，要寻求一种具有时间感的教学法，而不惧怕从长计议。这场讨论并不是要让时光倒流。它的核心是关注当代问题，所以需要重新认识儿童教育的内涵。

我们的教育学概念是动态的，而不是像木乃伊一样一成不变的。与所有人文科学一样，教育学要么根据新的时代条件进行重塑、重建和更新，要么失去其本质、功能和与所处时代相适应的适当能力，尤其是判断、预测和想象，为明天做准备的能力。

一个听上去有些矛盾但被无数次验证为真的事实是当我们把放慢节奏作为优先事项时，才会更容易发现什么是当务之急。

问题

1. 当你在教学中尝试塑造不同的学习与时间关系时，你的首要目标是什么？

2. 如果你要设计关于这一主题的专业发展，你会从哪里开始？

3. 哪些组织或专业人士可以成为慢教育的盟友？

附　录

本书基于研究及实践案例编写，由福禄贝尔信托基金会资助，涵盖了对以下参与者的深入访谈。

阿曼达·贝特曼（Amanda Bateman）博士，新西兰怀卡托大学儿童教育副教授兼儿童研究中心主任。她的研究涉及收集和分析儿童社交互动以及教师与儿童教学互动的视频录像。她在儿童研究中使用会话分析法来详细解读参与者的互动。她最近出版的著作包括与艾米莉亚·丘奇（Amelia Church）博士合编的《儿童教育：与儿童交流时知识与关系的同步产生——儿童教育手册》（*Early Childhood Education: The Co-Production of Knowledge and Relationships and Talking With Children: A Handbook for Early Childhood Education*）。

卡里·卡尔森（Kari Carlsen）博士，挪威东南大学造型、设计、艺术和工艺专业的教授。她从事学前师范教育和学士、硕士和博士生教育。她于1996年创建了挪威瑞吉欧教育网络，并担任瑞吉欧儿童国际网络的挪威联络人。她还参与了幼儿园教师的继续教育和进修工作。她的3个主要研究课题是：1.与瑞吉欧相关的工作和教学资源；2.探索物质和审美学习过程；3.游戏与学习的课程研究和框架因素。她领导着美国国家科学院（USN）的"具体化制作与学习——儿童教育与保育（EMAL-

ECE）"研究小组。

威廉·克拉克（William　Clark），英国东伦敦小学的PHSCE课程负责人。他拥有儿童教育和第一关键阶段的教学经验。他的硕士论文讨论的是如何利用讲故事和故事表演来弥合学前班和一年级之间的鸿沟。

凯特·考恩（Kate　Cowan）博士，英国谢菲尔德大学（University of Sheffeld）的教育学讲师，也是伦敦大学洛杉矶分校教育与社会学院（IOE）的荣誉高级研究员。她拥有儿童教育背景，研究重点是从多模态角度研究儿童的游戏和交流。

爱玛·戴尔（Emma　Dyer）博士，研究学校小空间的价值、管理和设计，以及如何让使用这些空间的儿童、年轻人和成年人受益。

比利亚那·弗雷德里克森（Biljana　Fredriksen）博士，挪威东南大学人文、体育和教育科学学院艺术与工艺学教授。她在师范教育专业任教已有25年，主要从事儿童师范教育。弗雷德里克森在2011年完成的博士论文《协商把握：三维材料的具身体验和儿童教育中的意义协商》（*Negotiating grasp: embodied experience with three-dimensional materials and the negotiation of meaning in early childhood education investigates the significance of embodied*），通过研究学龄前儿童与材料之间的互动和内部互动，以探索进行具象式学习的意义。她的研究兴趣进一步发展到村里人与自然材料的内部互动、超人类的体验式学习以及教学中的生态教学视角。弗雷德里克森已经出版了两本挪威语著作，并用英语和挪威语发表了多篇文章。

德博拉·哈考特（Deborah　Harcourt）博士，现任亚太儿童教育咨询公司（Asia Pacific Early Childhood Consultants）执行董事。过去30年来，她一直在澳大利亚、新加坡（在新加坡工作了10年）、中国、马来西亚、印度、印度尼西亚、阿联酋、英国和斯里兰卡从事儿童教育工作。德博拉的职业生涯始于学前教育，从事3-5岁儿童的教育工作，之后转入高等教育领域，在师范教育、健康科学和医学院内教授本科生和研究生课程。她有兴趣与儿童一起进行研究，探索他们对可能与他们有关的问题的看法和意见，并在研究实践中坚持《联合国儿童权利公约》。德博拉长期研究瑞吉欧教育法的原则，以及这些原则对意大利以外地区儿童教育的意义。

卡丽-安妮·乔根森-维特索（Kari-Anne Jorgensen-Vitterso）博士，奥斯陆城市大学（Oslo Metropolitan University）副教授。她的研究兴趣包括儿童户外游戏和学习、环境感、慢速教学法和可持续发展学习。她在哥德堡大学（University of Gothenburg）获得哲学博士学位。她的博士论文题目是《外面发生了什么？当幼儿园将日常活动搬到自然-景观及其场所时，这对儿童的体验意味着什么？》（*What is going on out there？ What does it mean for children's experiences when the kindergarten is moving their everyday activities into the nature-landscape and its places？*）卡丽-安妮最近的研究重点是城市景观中的儿童、自然和文化。

卡琳·安德鲁斯·贾沙帕拉（Karin Andrews Jashapara），在伦敦主持森林学校（Forest School）课程，进行渐进式教育方面的实践。

西尔维娅·金德（Sylvia Kind）博士，卡普兰诺大学（Capilano University）儿童教育专业讲师，也是卡普兰诺大学儿童中心的工作室成员。她的工作以艺游志（a/r/tography）、研究-创作和作为研究的艺术实践为基础，聚焦儿童工作室实践、生动的材料即兴创作和集体实验。她是《在儿童教育中与材料相遇》（*Encounters with Materials in Early*

Childhood Education)、《绘画作为语言》(*Drawing as Language*) 的作者之一，并撰写了多篇关于儿童工作室实践的文章。

玛拉·克雷切夫斯基（Mara Krechevsky），零点项目（Project Zero）的高级研究员。玛拉从事教育研究已超过35年，其中包括指导"让学习可见"（MLV）项目，该项目是对从学前班到高中的个人和小组学习进行记录和评估的一项调查。MLV基于与意大利瑞吉欧艾米利亚市学前教育工作者的合作研究。玛拉还是"培养公民和创造能力"（Cultivating Civic and Creative Capacities project）项目的共同负责人，该项目是俄亥俄州哥伦布艺术博物馆和K-12教师合作开展的。她还是"游戏教学法"项目的研究员，该项目是与乐高基金会（Lego Foundation）合作开展的，旨在开发一种教学法，支持从学前班到中学的游戏学习。玛拉撰写了多本著作，包括《可见的学习者：在所有学校推广瑞吉欧启发式教学法》(*Visible Learners: Promoting Reggio-Inspired Approaches in All Schools*) 和《让学习可见：儿童作为个体和群体学习者》(*Making Learning Visible: Children as Individual and Group Learners*)。

林恩·麦克奈尔（Lynn Mc Nair）博士，爱丁堡大学儿童教育实践讲师和福禄贝尔研究员。林恩在儿童教育领域拥有40多年的工作经验，2009年因其对儿童教育的贡献被授予官佐勋章（OBE）。林恩是一名训练有素的福禄贝尔派学者，在英国伦敦的罗汉普顿大学福禄贝尔学院获得证书。她是一位屡获殊荣的作家，曾获得高等教育学院（Higher Education Academy）颁发的校长奖学金。

马里·莫里（Mari Mori）博士，现任日本神户亲和女子大学（Kobe Shinwa Women's University）儿童教育教授。她在美国哥伦比亚大学师范学院获得教育学博士学位。马里曾在日本东京和美国纽约市的幼儿园任教。她是世界学前教育组织（OMEP）日本全国委员会的董事，并曾担任瑞吉欧国际网络的协调员。她的研究兴趣主要集中在儿童的艺术思维、儿童权利与实践以及教学档案等方面。

彼得·莫斯（Peter Moss），伦敦大学学院教育研究所的儿童教育名誉教授。多年来，他一直担任"争论儿童教育"（Contesting Early Childhood）丛书的联合编辑。他最新的著作是《新自由主义与儿童教育：市场、想象与治理》（*Neo-liberalism and Early Childhood Education: Markets, Imaginaries and Governance*），与盖伊·罗伯茨-霍姆斯（Guy Roberts-Holmes）合著。

索尔维格·诺德特姆（Solveig Nordtømme）博士，挪威东南大学教育学副教授。她的研究兴趣集中在如何将场所、空间和材料纳入教学实践和游戏。她撰写了多篇以幼儿园游戏、空间和物质性为主题的文章和书籍部分章节。她教授儿童教育（ECE）专业的学士和硕士课程，她的研究课题包括：作为演员的儿童、教学档案、学习理论以及幼儿园的空间和物质性。

朱莉娅·奥利维拉-福莫西奥（Júlia Oliveira-Formosinho），米尼奥大学和葡萄牙天主教大学的儿童教育教授，童年协会（Childhood Association）的联合研究主任、欧洲儿童教育研究协会（EECERA）董事会成员，也是《欧洲儿童教育研究协会期刊》特刊的协调人。

玛丽·彼得斯沃尔德（Mari Pettersvold）博士，挪威东南大学社会学副教授。

塔米娜·沙扬（Tahmina Shayan），卡普兰诺大学儿童研究学院讲师，拥有宾夕法尼亚州立大学艺术教育理学硕士学位和课程与教学教育硕士学位。塔米娜的工作研究本地和全球话语如何塑造和影响儿童课程和教师的教学实践，以及这些实践对儿童学习和生存的影响。她的研究领域包括儿童艺术实践、工作室空间、文化研究、全球化、教师教育、课程设置和教学法。

佩尔西勒·施瓦茨（Persille Schwartz），丹麦儿童及教育部首席顾问，曾参与制定欧盟儿童教育框架。

克洛迪·塔尔（Clodie Tal）博士，教授，发展心理学家，她曾是以色列特拉维夫列文斯基教育学院儿童教育硕士学位的负责人。克洛迪的主要兴趣领域及研究重点包括：教师与儿童和教师与家长的关系、教师的价值观、提高儿童的社交能力和应对行为问题的能力、课堂管理以及教师与儿童的对话。